Johann Lafer

Genießen
auf gut Deutsch

Lafers
bitten zu Tisch

Die Deutsche Bibliothek - CIP-Einheitsaufnahme

Genießen auf gut Deutsch : Lafers bitten zu Tisch ; [das Buch zur aktuellen
Erfolgsserie in ZDF und 3SAT 2001] / Johann Lafer. [Foodfotogr.: Michael
Wissing]. - Orig.-Ausg. - Köln : DuMont, 2001
      (Monte von DuMont)
      ISBN 3-7701-8670-2

Originalausgabe
© 2001 DuMont Buchverlag, Köln
Alle Rechte vorbehalten
Foodfotografie: Michael Wissing
Foodstyling: Walter Curman
Rezeptredaktion: Monika Cremer
Layout: Konnertz Buchgestaltung Köln
DTP: Hans-Joachim Maschek-Schneider, Köln
Druck: Druckerei Appl, Wemding

Printed in Germany

ISBN 3-7701-8670-2

Vorwort

Johann Lafer, Deutschlands beliebtester Fernsehkoch, hatte selber die Idee. »Wenn unsere Sendungen beim Fernsehpublikum so beliebt sind«, fragte er mich, »warum beteiligen wir es dann nicht an der Entstehung?« Der Hintergrund seiner Frage: Lafer wollte für eine neue Staffel seines ZDF- und 3sat-Erfolgsrenners »Genießen auf gut Deutsch« die Programmzeitschriften Gong und BILD+FUNK, für die ich verantwortlich zeichne, bitten, die Leser aufzufordern, ihre liebsten und möglichst kreativsten Rezepte einzuschicken. Lafers Angebot: Er wollte mit einem Leser gemeinsam in seiner Sendung ein eigenes Rezept und das des Lesers nachkochen.

Wir besiegelten den Deal bei einem Gläschen Wein in Lafers Restaurant, der Stromburg – und waren bald nach Anlaufen der Aktion beide überrascht über die Resonanz. Hunderte von Lesern fühlten sich jede Woche neu animiert, uns mit ihren Koch-Kreationen zu überzeugen, sie in die Fernsehsendung einzuladen. Wir lasen uns durch Leckereien, die leicht zu einem Kompendium der Weltküche werden konnten. Asiatische Einflüsse erkannten wir, die Kochanstöße aus Urlaubsländern, aber auch Großmutters Küche. Johann Lafer schwärmte vom Einfallsreichtum unserer Leser und konnte sich bisweilen nur schwer für ein Siegerrezept entscheiden.

Dass die Koch-Eleven des Küchen-Zauberers nicht nur eine großartige ›Papierform‹ aufwiesen, merkte Johann Lafer dann sehr bald an den eigentlichen Aufzeichnungstagen. »Wir, auch die Kollegen vom ZDF und von 3sat, waren überrascht, wie geschickt und gekonnt die Hobbyköche hinter den Töpfen hantierten«, lobte Johann Lafer am letzten Drehtag, an dem ich selber mit ihm kochen durfte. Ich war nämlich nur allzu gern bereit gewesen, auf den Vorschlag des Koches für meine beiden Blätter einzugehen, weil ich seit vielen, vielen Jahren selber gern in der Küche stehe. »Zur – was ein Profi sicher nicht gern hört – Entspannung von der Redaktionsarbeit«, wie ich Johann Lafer gestand, als wir nach dem Kochen mit seiner Frau Silvia am von ihr fein eingedeckten Tisch zum Essen seines Menüs Platz nahmen. Silvia Lafer stellte ihre Tischdekorationen, die Sie auch in diesem Buch wiederfinden, jeweils unter ein eigenes Motto. Beim Anstoßen mit einem wunderbar trockenen Pfälzer Wein lächelte der Meister über meine Auffassung, dass Kochen etwas Entspannendes hat.

Rainer Stiller

Hühnerconsommé mit gedämpften Wirsingbällchen

Für die Hühnerconsommé:

1 l Geflügelbrühe
2 Hähnchenkeulen
50 g Zwiebeln, gewürfelt
50 g Karotten, gewürfelt
30 g Knollensellerie,
  gewürfelt
80 g Lauch, gewürfelt
2 Eiweiße
einige Thymianzweige
3 Zweige Blattpetersilie
2 Lorbeerblätter
½ EL weiße Pfefferkörner
15 Eiswürfel
Salz

Für die Wirsingbällchen:

2 Hähnchenbrustfilets
4 Scheiben Toastbrot
20 g Butter
1 EL Schalottenwürfel
½ EL gehackter Knoblauch
150 ml heiße Milch
1 EL gehackte Petersilie
½ Chilischote, entkernt und
  fein gehackt
Salz, Pfeffer aus der Mühle
6 Wirsingblätter, blanchiert
  und in kaltem Wasser
  abgeschreckt
etwas Butter zum Fetten
1 TL grob zerstoßene
  Pfefferkörner
1 EL Butterschmalz
einige Thymianzweige
200 ml Geflügelbrühe

1. Geflügelbrühe nach dem Kochen durch ein Sieb passieren und erkalten lassen. Danach die Fettschicht abheben.

2. Keulen enthäuten. Fleisch vom Knochen lösen und durch die grobe Scheibe des Fleischwolfs drehen. Dann Gemüse durch den Fleischwolf drehen.

3. Eiweiße, Kräuterzweige, Lorbeerblätter, Pfefferkörner und Eiswürfel mischen. Keulenfleisch dazugeben. Alles salzen und zusammen mit dem Gemüse verrühren. Kalte Geflügelbrühe zufügen, mit Kläransatz gut mischen und langsam aufkochen lassen. Dabei ständig am Topfboden rühren, damit das Klärfleisch nicht ansetzt. Wenn die Brühe aufgekocht ist, nicht mehr rühren und die Brühe bei geringer Hitzezufuhr leicht köchelnd ziehen lassen.

4. Inzwischen Hähnchenbrustfilets enthäuten und durch die feine Scheibe des Fleischwolfs drehen.

5. Toastbrot entrinden, in kleine Würfel schneiden und in Butter goldgelb rösten. Schalotten und Knoblauch dazugeben und kurz andünsten. Heiße Milch darauf gießen, das Brot etwas ziehen lassen.

6. Petersilie und Chilischote zum Fleisch geben. Masse mit Salz und Pfeffer würzen. Brotwürfel dazugeben und alles gut mischen.

7. Blattrippe der Kohlblätter herausschneiden. Ein kleines Kuppelförmchen mit einem Wirsingblatt auslegen, etwas Hähnchenfüllung hineingeben und das Kohlblatt darüber zusammenschlagen. Wirsingbällchen herausstürzen und die restlichen Wirsingbällchen auf die gleiche Weise herstellen. Bällchen in einen gebutterten Dämpfeinsatz legen.

8. Pfefferkörner in Butterschmalz anrösten und Thymianzweige dazugeben. Geflügelbrühe angießen. Wirsingbällchen ca. 15 Minuten darüber dämpfen.

9. Suppe vorsichtig durch ein Passiertuch gießen. Karotten, Sellerie und Frühlingszwiebeln putzen bzw. schälen. Karotten und Sellerie in Streifen, Zwiebeln in Ringe schneiden. Gemüse in die Suppe geben.

Außerdem:
1 Karotte
¼ Knollensellerie
2 Frühlingszwiebeln
40 ml Sherry
2 EL fein geschnittener
  Schnittlauch

Zubereitungszeit:
  ca. 1 ¼ Stunden

Suppe mit Salz und Sherry abschmecken und Gemüse darin bissfest garen.

10. Suppe zusammen mit Gemüsestreifen und Wirsingbällchen anrichten und mit Schnittlauch bestreuen.

Tipp:
Für die Geflügelbrühe Hühnerkarkassen zusammen mit Salz, Suppengrün, Lorbeerblättern, Wacholderbeeren, Pfefferkörnern und reichlich kaltem Wasser aufsetzen, auskochen, dann abseihen.

Hühnersuppe mit Orangenpfannkuchenstreifen

von Hanspeter Geng, Gunzenhausen

Für die Hühnerbrühe:

3 Karotten
¼ Knollensellerie
1 Stange Lauch
1 Bund Blattpetersilie
1 Zwiebel
1 Hähnchen (ca. 1,2 kg)
Salz, Pfeffer aus der Mühle
Muskatnuss, frisch gerieben
Feinwürzmittel

**Für die Orangenpfann-
  kuchen:**

100 g Mehl
2 Eier
200 ml Milch
50 ml Orangensaft
1 Tütchen gemahlener
  Safran (0,1 g)
½ Orange (unbehandelt)
Salz
1 Prise Zucker
Butterschmalz zum
  Ausbacken

Außerdem:
1 Bund Schnittlauch, fein
  geschnitten

*Zubereitungszeit:
  ca. 1 ½ Stunden*

1. Gemüse waschen, putzen bzw. schälen und klein schneiden. Petersilie waschen und klein schneiden. Zwiebel schälen und in Viertel schneiden.

2. Hähnchen waschen, zusammen mit Gemüse und Petersilie in einen Topf geben. Alles mit Salz, Pfeffer, Muskatnuss und Feinwürzmittel würzen. So viel kaltes Wasser angießen, dass das Hähnchen bedeckt ist. Hähnchen etwa 1 Stunde garen.

3. Mehl, Eier, Milch, Orangensaft und Safran zu einem glatten Teig verrühren. Orange mit heißem Wasser abwaschen und trockentupfen. Schale mit einem Zestenreißer in feinen Streifen abziehen. Zesten zum Teig geben und ihn mit etwas Salz und Zucker würzen.

4. In etwas Butterschmalz aus dem Teig dünne Pfannkuchen ausbacken. Pfannkuchen in schmale Streifen schneiden.

5. Hähnchen aus der Brühe nehmen und Brühe durch ein Sieb gießen. Etwa 600 ml Brühe abnehmen und mit Salz und Pfeffer würzen. Brustfleisch auslösen und Haut entfernen. Fleisch in kleine Würfel schneiden und in die Suppe geben. Restliche Brühe und restliches Hähnchenfleisch anderweitig verwenden.

6. Pfannkuchenstreifen in die Suppe geben und kurz warm werden lassen. Suppe anrichten und mit Schnittlauch bestreuen.

Silvia Lafers Tischdekoration

Ethno-Look

Als Unterdecke dient eine cremefarbene Tischdecke, darüber kommt eine Organzadecke im Leopardenlook. Dunkelbraune Servietten mit Streifen aus dem gleichen Organza zusammenbinden. Ein flaches grünes Glasschiffchen mit Kieselsteinen füllen, damit Straußen- und Emueier darin Stand finden. Afrikanische Pflanzen, z. B. Kokospalmen, Kängurupfötchen, Eremurusschweif, in die Eier stecken. Die Tischkarten aus braunem Karton ausschneiden und an ein »Baströckchen« binden.

Blätterteigpastetchen mit Entenleber-Brombeer-Ragout und Rucola-Melonen-Salat

Für den Blätterteig:

250 g Blätterteig (3 recht-
eckige Scheiben)
Pfeffer aus der Mühle
frische Majoranblättchen
Mehl zum Ausrollen
1 Eigelb, mit etwas Wasser
verquirlt

Für die Entenleber:

350 g Entenleber
30 g Butterschmalz
Salz, Pfeffer aus der Mühle
60 g rote Zwiebeln, in feine
Streifen geschnitten
3 Knoblauchzehen, in dünne
Scheiben geschnitten
3 EL Johannisbeergelee
80 ml Rotwein
80 ml roter Portwein

Außerdem:

4 Frühlingszwiebeln
10 g Butterschmalz
100 g Brombeeren, geputzt

Zubereitungszeit:
 ca. 40 Minuten
Backzeit: ca. 15 Minuten

1. Backofen auf 220 °C (Umluft) vorheizen. 1 Blätterteigscheibe beiseite legen. Die restlichen Scheiben mit kaltem Wasser einpinseln, mit Pfeffer bestreuen und großzügig mit Majoranblättchen belegen. Blätterteigscheiben übereinander legen und mit der beiseite gelegten Scheibe abdecken. Blätterteig auf einer leicht bemehlten Arbeitsfläche ca. 3 mm dünn ausrollen. Teig in 4 gleich breite Streifen schneiden und sie halbieren. Teigstreifen auf ein mit Backpapier ausgelegtes Backblech legen, mit dem verquirlten Eigelb einpinseln und im vorgeheizten Backofen 15–20 Minuten backen.

2. Leberstücke von groben Sehnen und Häuten befreien, große Stücke halbieren. Leber in Butterschmalz anbraten, mit Salz und Pfeffer würzen und aus der Pfanne nehmen.

3. In derselben Pfanne Zwiebelstreifen und Knoblauchscheiben anbraten. Johannisbeergelee zugeben, glatt rühren und mit Rotwein und Portwein ablöschen. Das Ganze etwas einkochen lassen.

4. Frühlingszwiebeln putzen und in ca. 5 cm lange Stücke schneiden. Die weißen Enden längs halbieren. Frühlingszwiebeln in Butterschmalz andünsten.

5. Leber in die Sauce geben und erwärmen. Brombeeren zufügen und das Ganze mit Salz und Pfeffer abschmecken.

6. Blätterteigstreifen quer halbieren. Untere Hälften auf Teller setzen, Frühlingszwiebeln und Entenleberragout darauf geben und mit den oberen Blätterteighälften abdecken. Pastetchen zusammen mit Rucola-Melonen-Salat anrichten.

Für den Rucola-Melonen-Salat:

1 Netzmelone oder Kantalupmelone mit orangefarbenem Fruchtfleisch
50 g Rucola
30 ml Walnussöl
2 EL Walnusskerne, geröstet und gehackt
etwas Balsamico bianco
Salz, Chili aus der Mühle

*Zubereitungszeit:
ca. 10 Minuten*

1. Melone halbieren, entkernen und Fruchtfleisch mit dem Kugelausstecher auslösen. Rucola putzen, waschen und trockenschleudern, zu den Melonenkugeln geben.

2. Walnussöl und Walnusskerne zu Rucola und Melonen geben. Alles mit Essig beträufeln und mit Salz und Chili würzen. Salat mischen und anrichten.

Tipp:
Waschen Sie die zarten, empfindlichen Rucolablätter in eiskaltem Wasser, dann bleiben sie schön.

Entenleber mit Rosinen

von Ursula Schmitt, Becherbach

100 g ungeschwefelte
  Rosinen
100 ml Gewürztraminer
  (vorzugsweise aus Baden)
600 g Entenleber
Salz, Pfeffer aus der Mühle
6 EL Weinbrand
Mehl zum Mehlieren
4 EL Butter
50 ml Kalbsfond
4 Scheiben Toastbrot
Butter zum Rösten des
  Toastbrots

Zum Garnieren:
bunte Blattsalate

Zubereitungszeit:
  ca. 30 Minuten
Einweich- und Marinierzeit:
  ca. 20 Minuten

1. Rosinen im Gewürztraminer ca. 15 Minuten einweichen, bis sie gut aufgequollen sind. Dann im Wein ca. 5 Minuten leicht köcheln lassen, durch ein Sieb gießen und Wein auffangen.

2. Entenleberstücke von Sehnen und Häuten befreien und mit Salz und Pfeffer würzen. Mit Weinbrand beträufeln und ca. 5 Minuten marinieren lassen.

3. Leberstücke aus der Marinade nehmen, abtropfen lassen, leicht mit Mehl bestäuben und überschüssiges Mehl abschütteln. Leber in der Hälfte der Butter bei geringer Hitze von beiden Seiten braten. Anschließend aus der Pfanne nehmen.

4. Gewürztraminer, Kalbsfond und Weinbrand, in der die Leber mariniert wurde, in die Pfanne gießen und die Sauce etwas einkochen. In der Zwischenzeit Toastbrot in Butter goldbraun rösten.

5. Restliche Butter in die Sauce rühren. Entenleber und Rosinen dazugeben und noch etwas in der Sauce ziehen lassen.

6. Entenleberstücke auf den Toastbroten anrichten, mit Rosinensauce überziehen und mit Blattsalaten garnieren.

Silvia Lafers
Tischdekoration

Glamorous Moments

Mit traumhaft eleganten Farben und Formen verführt diese Dekoration zum Genießen. Drei kleine Tischvasen mit roten Rosen bestücken und in einer Reihe aufstellen. Einzelne Rosenblüten auf dem Tisch verteilen. Sehr edel ist die Menü- und Tischkarte, bei der der Name des Gerichts mit schwarzer Tinte auf einen Briefbogen aus Elefantenpapier geschrieben ist. Diese zu einem altertümlichen Kuvert falten, mit rotem Siegellack versiegeln und mit dem Namen des Gastes beschriften. Die Tischdecke mit goldener Kordel verschnüren, weiße Federn verteilen und mit einem Obelisken von Versace den Mittelpunkt des Tisches markieren.

Kross gebratene Hähnchen- keulen auf Tomatenchutney

Für das Tomatenchutney:
1 Schalotte, fein gewürfelt
1 EL Butterschmalz
20 g Sesamöl
1 EL brauner Zucker
½ grüne Chilischote, gehackt
60 ml Balsamico bianco
2 EL Tomatenketchup
Salz, Pfeffer aus der Mühle
4 Tomaten, geschält, ent-
    kernt und gewürfelt
1 EL fein gehacktes
    Korianderkraut
1 TL Kurkumapulver

Für die Hähnchenkeulen:
80 g Mehl
3 Knoblauchzehen, gehackt
1 TL scharfes Paprikapulver
½ TL Senfpulver
4 große Hähnchenkeulen,
    im Gelenk halbiert
Salz
Butterschmalz

Zum Garnieren:
Korianderkraut

*Zubereitungszeit:
    ca. 30 Minuten*

1. Schalottenwürfel in Butterschmalz andünsten. Sesamöl und Zucker dazugeben und Schalotten kurz glasieren. Chilischote dazugeben und alles mit Essig ablöschen. Ketchup unterrühren, mit Salz und Pfeffer würzen. Tomatenwürfel, Korianderkraut und Kurkumapulver darunter rühren.

2. Mehl, Knoblauch, Paprika- und Senfpulver mischen. Hähnchenkeulen salzen, in einen großen Gefrierbeutel geben, gewürztes Mehl dazugeben und alles gut mischen.

3. Hähnchenkeulen im nicht zu heißen Butterschmalz bei mittlerer Hitze 10–15 Minuten unter häufigem Wenden goldbraun braten. Herausnehmen und auf Küchenkrepp abtropfen lassen.

4. Tomatenchutney zusammen mit den Hähnchenkeulen anrichten, Hähnchen mit Salz würzen und mit Korianderkraut garnieren.

Ob von Ente, Pute oder Hähnchen – unter einer knusprigen Panade aus Nüssen und frischen Weißbrotbröseln bleibt Geflügelleber besonders zart.

Für den Salat:

2 Äpfel
Saft von 1 Zitrone
80 g Rucola
30 g Schalotten, in Streifen
  geschnitten
30 ml Walnussöl
Salz, Pfeffer aus der Mühle
1 Prise Zucker
2 Tomaten, geschält, ent-
  kernt und gewürfelt

Für die Geflügelleber:

80 g frische Weißbrotbrösel
80 g Walnüsse, geröstet und
  gehackt
200 g Geflügelleber, küchenfertig
Salz, Pfeffer aus der Mühle
Mehl zum Mehlieren
2 Eier, verquirlt
Butterschmalz zum
  Ausbacken

Zum Garnieren:

Preiselbeeren (aus dem Glas)

Zubereitungszeit:
  ca. 30 Minuten

Geflügelleber in Nusspanade mit Apfel-Rucola-Salat

1. Äpfel schälen, vierteln, entkernen und in Stifte schneiden. Mit Zitronensaft beträufeln. Rucolasalat putzen, waschen und trocken-schleudern.

2. Für die Geflügelleber Weißbrotbrösel und Walnüsse mischen. Leberstücke mit Salz und Pfeffer würzen, zuerst in Mehl, dann in den Eiern und zum Schluss in der Brösel-Nuss-Mischung wenden. Leber in heißem Butterschmalz langsam goldbraun ausbacken.

3. Apfelstifte und Schalottenstreifen mischen, Walnussöl dazuge-ben und mit Salz, Pfeffer und Zucker würzen. Rucolasalat und Tomatenwürfel darunter heben.

4. Leberstücke herausnehmen und auf Küchenkrepp gut abtropfen lassen. Salat zusammen mit der Leber anrichten und mit Preisel-beeren garnieren.

Sellerieterrine mit Rehrückenfilet in Wacholderbutter

Für eine Terrinenform
(750 ml Füllmenge)

Für die Sellerieterrine:
2 Schalotten, gewürfelt
1 Knoblauchzehe, gehackt
20 g Butter
200 g Knollensellerie, klein
   gewürfelt
150 ml Weißwein
400 ml Sahne
Salz, Pfeffer, Chili aus der
   Mühle
4 Blatt Gelatine, in kaltem
   Wasser eingeweicht
150 g Knollensellerie, klein
   gewürfelt und blanchiert
2 EL fein geschnittener
   Schnittlauch

Für das Rehrückenfilet:
1 Rehrückenfilet (ca. 350 g)
Salz, Pfeffer aus der Mühle
20 g Butterschmalz
einige Rosmarinzweige
einige Thymianzweige
Wacholder aus der Mühle

Für die Wacholderbutter:
100 g Butter
1 Schalotte, gewürfelt
Wacholder aus der Mühle
2 EL Thymianblättchen
Salz, Pfeffer aus der Mühle

1. Schalotten und Knoblauch in Butter anbraten. Rohen Sellerie dazugeben und mit dem Weißwein ablöschen. 200 ml Sahne angießen und das Ganze mit Salz, Pfeffer und Chili würzen. Sellerie kochen lassen, bis er weich und die Flüssigkeit vollständig eingekocht ist.

2. Gelatineblätter ausdrücken, unter den warmen Sellerie rühren und auflösen. Sellerie in einem Mixer pürieren, noch einmal mit Salz und Pfeffer würzen. Blanchierte Selleriewürfel darunter heben und die Masse abkühlen lassen, bis sie zu stocken beginnt.

3. Restliche Sahne steif schlagen und zusammen mit Schnittlauch unter die Selleriemasse heben. Eine Terrinenform (ca. 750 ml Füllmenge) mit Klarsichtfolie auslegen und Selleriemasse einfüllen. Klarsichtfolie darüber legen, Terrinenform abdecken. Terrine für ca. 4 Std. in den Kühlschrank stellen und fest werden lassen.

4. Backofen auf 130 °C vorheizen. Rehrückenfilet von Haut und Sehnen befreien, mit Salz und Pfeffer würzen und im heißen Butterschmalz von allen Seiten gut anbraten. Rosmarin- und Thymianzweige dazugeben und das Fleisch mit Wacholder würzen.

5. Filet herausnehmen. Ein Stück Alufolie leicht zerknüllen, auf ein Backblech legen. Filet zusammen mit Kräuterzweigen auf die Alufolie legen, in den vorgeheizten Backofen schieben und ca. 20 Minuten braten. Aus dem Ofen nehmen und kurz ruhen lassen.

6. Butter in der Pfanne, in der das Fleisch angebraten wurde, aufschäumen lassen. Schalottenwürfel darin anbraten und kräftig mit Wacholder würzen. Thymian dazugeben, Butter mit Salz und Pfeffer würzen und vom Herd nehmen.

Zum Garnieren:
einige Blätter Friséesalat
einige Kerbelzweige

Zubereitungszeit:
 ca. 1 ¼ Stunden
Kühlzeit: ca. 4 Stunden

7. Salatblätter auf Teller legen und mit Salz würzen. Sellerieterrine und Rehrückenfilet in Scheiben schneiden und auf dem Salat anrichten. Wacholderbutter darüber träufeln und alles mit Kerbelzweigen garnieren.

Gefüllte Sellerieschnitzel

von Julia Newald, Braunfels

2 Knollensellerie (à ca. 500 g)
Salz
8 kleine Scheiben gekochter
  Schinken
8 kleine Scheiben Allgäuer
  Emmentaler
Pfeffer aus der Mühle
ca. 50 g Cornflakes
ca. 100 g ungesalzene
  Erdnüsse
Mehl zum Mehlieren
2 Eier, verquirlt
Butterschmalz zum
  Ausbacken

Zum Garnieren:
Friséesalat
Tomatenspalten

Zubereitungszeit:
  ca. 1 ¾ Stunden

1. Sellerieknollen in kaltem Wasser abbürsten und in leicht gesalzenem Wasser in ca. 50 Minuten bissfest kochen. Anschließend in kaltem Wasser leicht abkühlen lassen, dann schälen.

2. Aus jeder Knolle 4 Scheiben (ca. 1 cm dick) schneiden und in jede Scheibe eine tiefe Tasche schneiden. Je 1 Schinken- und Käsescheibe in jede Sellerietasche stecken. Selleriescheiben wieder gut zusammendrücken und mit Salz und Pfeffer würzen.

3. Cornflakes und Erdnüsse locker in ein Tuch einschlagen, mit dem Teigroller darüber rollen und alles zerkleinern.

4. Sellerieschnitzel zuerst in Mehl, dann in Ei und zum Schluss in der Cornflakes-Erdnuss-Mischung wenden. Panade gut andrücken.

5. Sellerieschnitzel in heißem Butterschmalz von jeder Seite 3–4 Minuten bei mittlerer Hitze goldgelb braten. Auf Küchenkrepp abtropfen lassen und mit Salat und Tomaten anrichten.

Feuriges Rot

Sinnliche Eleganz bietet diese Variante der Dekoration. Eine Tischdecke aus dunkelrotem Satin mit Goldborte, dazu passende Servietten zum Dreieck falten und mit einem Organzatuch mit Brokatbordüre durch einen Serviettenring aus Korbgeflecht ziehen. Für die Tischkarte von einem Rebholz drei kleine Stücke abschneiden und mit Bast zum Dreieck binden. Ovale Karten aus Büttenpapier in die Spitze des aufgestellten Dreiecks stecken. Das Menü auf ein oval geschnittenes Blatt Büttenpapier mit Goldstift schreiben. Originell der Blumenschmuck: Auf ein Stück Rebstamm ein in Wasser getränktes Steckmoos mit Blumendraht befestigen und mit Gerbera, Lorbeer und Lederfarn sowie Beerenstrauchzweigen verzieren.

Gedünsteter Spargel mit Schinkenrahmsauce und Kalbsmedaillons

Für den Spargel:
1 kg weißer Spargel
½ Zitrone
50 g Butter
100 g Schalotten, geviertelt
25 g Zucker
150 ml Weißwein
Salz
einige Thymianzweige

Für die Kalbsmedaillons:
8 Kalbsfiletscheiben
  (à ca. 80 g)
1 EL Rapsöl
Salz, Pfeffer aus der Mühle
2 Eier
100 g Bergkäse, gerieben
Mehl zum Mehlieren

Für die Sauce:
150 ml Sahne
Salz, Pfeffer aus der Mühle
1 Eigelb
80 g gekochter Schinken,
  fein gewürfelt
50 g Schnittlauch, fein
  geschnitten

Außerdem:
Butterschmalz zum
  Ausbacken
Blattpetersilie zum
  Garnieren

Zubereitungszeit: ca. 1 Stunde

1. Spargel schälen und an den Schnittstellen etwas kürzen. Zitrone schälen, dabei die weiße Haut mit abschneiden. Zitrone in Scheiben schneiden.

2. Butter in einem großen Topf schmelzen. Schalotten darin anbraten und mit dem Zucker glasieren. Weißwein angießen, Spargel zufügen, mit Salz würzen. Zitronenscheiben und Thymianzweige auf den Spargel legen. Topf mit einem Deckel schließen und den Spargel bei mittlerer Hitze ca. 15 Minuten garen.

3. Inzwischen Kalbsfiletscheiben mit Rapsöl beträufeln, mit Salz und Pfeffer würzen, mit Klarsichtfolie abdecken und plattieren. Eier und Käse verquirlen. Fleisch im Mehl wenden und durch die Eier-Käse-Masse ziehen.

4. Spargel herausnehmen und warm stellen. Spargelfond in einen Topf passieren. Sahne dazugeben und die Flüssigkeit einkochen lassen.

5. Medaillons im heißen Butterschmalz von beiden Seiten langsam goldgelb backen. Danach auf Küchenkrepp abtropfen lassen.

6. Sauce mit Salz und Pfeffer abschmecken, vom Herd nehmen und mit einem Stabmixer schaumig aufmixen. Dabei Eigelb dazugeben. Schinkenwürfel und Schnittlauch als Einlage in die Sauce geben.

7. Spargel zusammen mit der Sauce und den Kalbsmedaillons anrichten und mit Blattpetersilie garnieren.

Dazu passen kleine neue Kartoffeln, die in etwas Butter geschwenkt und mit Salz gewürzt werden.

Gäubodenspargel-Torte

von Rosemarie Baumann, Geiselhöring

*Für eine Springform
(28 cm Durchmesser)*

ca. 250 g Weißbrot ohne
Rinde
100 g Butter
375 g gekochter weißer und
grüner Spargel
125 g roher Schinken,
in dünne Scheiben
geschnitten
4 Eier
125 ml Milch
125 ml Sahne
Salz, Pfeffer aus der Mühle
Muskatnuss, frisch gerieben
2 EL frisch geriebener
Allgäuer Bergkäse

Zum Garnieren:
Kräuter (z.B. Kerbel oder
Petersilie)

*Zubereitungszeit:
ca. 20 Minuten
Backzeit: ca. 20 Minuten*

1. Weißbrot in etwa 2 cm dicke Scheiben schneiden. Eine Springform (28 cm Durchmesser) mit einem rund geschnittenen Backpapier auslegen und es am Rand etwas hochdrücken. Brotscheiben
in die Form legen.

2. Butter schmelzen und Weißbrot damit beträufeln. Spargelstangen
sternförmig mit den Spitzen nach außen auf den Weißbrotboden
legen, dabei die Stangen nach Bedarf zurechtschneiden. Schinken in
feine Streifen schneiden, einen Teil zwischen die Spargelstangen
geben, den Rest darüber streuen.

3. Backofen auf 180 °C (Umluft) vorheizen. Eier, Milch und Sahne verquirlen und mit Salz, Pfeffer und Muskatnuss würzen. Käse darunter rühren und die Eiermasse über den Spargel gießen. Torte im Backofen ca. 20 Minuten backen.

4. Torte zum Servieren aus der Form nehmen, in Stücke schneiden, auf Tellern anrichten und mit Kräuterzweigen garnieren.

Dazu passen Salzkartoffeln und Saucen wie Sauce Hollandaise, Bechamelsauce, Käsesauce oder Zitronenbutter.

Silvia Lafers Tischdekoration

Spargelessen für Freunde

Klassisch schön mit einer Unterdecke aus grau glänzender Baumwolle, dazu ein silbergrauer Organza-Überwurf. Auf den Tisch sind Deko-Steinchen in Silbergrau und Lunaria-Blätter gestreut. Die passenden Servietten werden zum »Spargel« gerollt und seitlich auf dem Platzteller drapiert. Stimmung bringen die Tischkarten aus Teelichtern, die mit Pergamentpapier umklebt wurden. Zwei große Strelizienblätter sind mit Goldstift beschriftet und dienen als Menü- oder wahlweise als Weinkarte.

*Sellerie als Multitalent:
Das Gemüse ist die Basis
der Suppe, die ausgehöhl-
te Knolle ein dekorativer
›Teller‹ zum Servieren.*

2 Schalotten, klein gewürfelt
1 Knoblauchzehe, gehackt
20 g Butter
350 g Knollenselleriefleisch
Salz, Pfeffer aus der Mühle
100 ml Weißwein
400 ml Fleischbrühe
250 ml Sahne
4 EL Staudensellerieblätter
Butterschmalz zum
   Frittieren
1 EL Trüffelöl
1 EL geschlagene Sahne
4 EL Weißbrotwürfel, in
   Butter geröstet (Croûtons)

*Zubereitungszeit:
   ca. 30 Minuten*

Sellerieschaumsüppchen

1. Schalotten und Knoblauch in Butter anschwitzen. Selleriefleisch dazugeben, mit Salz und Pfeffer würzen und etwas mitdünsten. Sellerie mit Weißwein ablöschen, kurz kochen lassen. Brühe und Sahne angießen. So lange kochen lassen, bis der Sellerie weich ist.

2. In der Zwischenzeit Staudensellerieblätter kurz in heißem Butterschmalz frittieren, herausnehmen und auf Küchenkrepp abtropfen lassen.

3. Trüffelöl zur Suppe geben. Suppe im Mixer fein pürieren. Geschlagene Sahne darunter mixen.

4. Suppe anrichten, mit Croûtons und frittierten Staudensellerie-blättern bestreuen.

Tipp:
So servieren Sie die Suppe in der Sellerieknolle: Selleriefleisch mit einem Kugelausstecher aus der gebürsteten Knolle lösen, dabei die Schale aber nicht verletzen. Knolle mit Zitrone ausreiben.

Spargel im Kräuterbackteig mit Schinkenremoulade

Für die Schinken-remoulade:

175 g Mayonnaise
50 ml Sahne
3 EL Essigsud von den Cornichons
1 ½ EL fein gewürfelter Schinken
1 ½ EL fein gewürfelte Cornichons
1 ½ EL fein gewürfelte Radieschen
1 ½ EL Schalottenwürfel
1 ½ EL gehackte Petersilie
1 Ei, hart gekocht
Salz, Pfeffer aus der Mühle

Für den Spargel:

125 g Mehl
125 g Speisestärke
2 Eigelbe
1 EL Sojasauce
ca. 250 ml eiskaltes Wasser
1 EL Schnittlauchröllchen
1 EL fein gehackte Petersilie
1 EL Thymianblättchen
16 Stangen Spargel, bissfest gedünstet
Mehl zum Mehlieren
Butterschmalz, Salz

Zum Garnieren:
Kerbelzweige

Zubereitungszeit:
  ca. 40 Minuten

1. Mayonnaise, Sahne und Essigsud verrühren. Schinken, Cornichons, Radieschen, Schalotten und Petersilie zugeben. Ei schälen, klein hacken, ebenfalls dazugeben. Alles mischen, mit Salz und Pfeffer würzen.

2. Für den Backteig Mehl und Speisestärke mischen. Eigelbe, Sojasauce und Wasser dazugeben. Alles mixen, bis ein glatter Teig entsteht. Kräuter darunter rühren.

3. Spargel in Mehl wenden, durch den Backteig ziehen und in heißem Butterschmalz goldbraun ausbacken. Herausnehmen und auf Küchenkrepp abtropfen lassen. Anschließend salzen.

4. Die Spargelstangen auf Tellern anrichten, mit etwas Remoulade überziehen und mit Kerbelzweigen garnieren.

Nudel-Pilz-Bratlinge mit Spitzkohl in Sahnesauce

Für die Bratlinge:

120 g Hartweizenmehl, extra griffig

15 g getrocknete Steinpilze, gemahlen

1 ½ EL Rapsöl

Salz

1 Ei

Mehl zum Ausrollen

180 g Schweinefilet, küchenfertig

150 ml Sahne, gut gekühlt

Pfeffer, Chili aus der Mühle

1 rote Zwiebel, geschält und in Streifen geschnitten

40 g Butterschmalz

je 150 g Champignons und Austernpilze, gewürfelt

½ EL gehackter Knoblauch

2 EL fein geschnittener Schnittlauch

2 EL Butter

einige Zweige Zitronenthymian

Zubereitungszeit: ca. 1 Stunde
Ruhezeit: ca. 1 Stunde

1. Hartweizenmehl, Steinpilzmehl, 1 Esslöffel Rapsöl, Salz und Ei miteinander zu einem glatten Teig verkneten, eventuell etwas lauwarmes Wasser dazugeben. Teig zu einer Kugel formen, in Klarsichtfolie wickeln und im Kühlschrank etwa 1 Stunde ruhen lassen.

2. Teig mit etwas Mehl bestreuen, mit Hilfe einer Nudelmaschine dünn ausrollen und in feine Bandnudeln schneiden. Nudeln in reichlich Salzwasser kochen, in kaltem Wasser abschrecken, abtropfen lassen und mit dem restlichen Rapsöl mischen.

3. Schweinefilet in kleine Würfel schneiden und etwas anfrieren. Anschließend in einer Küchenmaschine zusammen mit der Sahne zu einer Farce mixen. Diese mit Salz, Pfeffer und Chili würzen und wieder kühl stellen.

4. Zwiebelstreifen in 20 g Butterschmalz anbraten. Pilze und Knoblauch dazugeben, mitbraten und mit Salz, Pfeffer und Chili würzen.

5. Nudeln, Farce, Pilzmischung und Schnittlauch verrühren und mit Pfeffer würzen. Mischung in kleinen gefetteten Metallringen im restlichen Butterschmalz von beiden Seiten braten. Metallringe abziehen.

6. Butter und Zitronenthymian zu den Bratlingen geben. Sie damit glasieren und zusammen mit Spitzkohl in Sahnesauce anrichten.

Für den Spitzkohl in Sahnesauce:

500 g Spitzkohl
Salz
60 g Schalottenwürfel
2 Knoblauchzehen, gehackt
50 g Speck, gewürfelt
20 g Butterschmalz
2 TL Mehl
30 ml Weißwein
100 ml Fleischbrühe
70 ml Sahne
weißer Pfeffer aus der Mühle
Muskatnuss, frisch gerieben
3 EL Tomatenwürfel
3 EL geschlagene Sahne
2 EL grob geschnittene
   Petersilie

*Zubereitungszeit:
   ca. 30 Minuten*

1. Strunk des Kohlkopfs kegelförmig herausschneiden und äußere Blätter entfernen. Restliche Blätter in Salzwasser ca. 2 Minuten blanchieren. Anschließend in kaltem Wasser abschrecken. Dicke Blattrippen herausschneiden, Blätter in Streifen schneiden und mit Küchenkrepp gut trockentupfen.

2. Schalotten, Knoblauch und Speck im Butterschmalz kurz anbraten und mit etwas Mehl bestäuben. Mit Weißwein ablöschen, Brühe und Sahne angießen. Sauce aufkochen lassen und mit Salz, Pfeffer und Muskatnuss würzen.

3. Spitzkohl, Tomatenwürfel, Sahne und Petersilie darunter heben. Alles noch einmal kurz erwärmen.

Bandnudeln mit Petersiliensauce

von Alice Fleck, Schwalbach

Für die Petersiliencreme:
20 g Petersilienblätter
½ EL fein gehackter
   Knoblauch
150 g Crème fraîche

Für die Sauce:
1 Schalotte, gehackt
1 EL Butter
250 ml trockener Weißwein
   (z. B. Grauburgunder)
250 ml Gemüsebrühe
200 ml Sahne
Salz, Pfeffer aus der Mühle

Außerdem:
400 g schmale Bandnudeln
3–4 Fleischtomaten, enthäutet und entkernt

Zum Garnieren:
einige Basilikumblätter
nach Belieben 2 EL Pinienkerne, geröstet

*Zubereitungszeit:
   ca. 30 Minuten*

1. Petersilienblätter und Knoblauch zusammen mit Crème fraîche pürieren.

2. Schalotte in Butter andünsten und mit Weißwein ablöschen. Gemüsebrühe und Sahne dazugießen und die Sauce um mindestens ein Drittel einkochen lassen. Mit Salz und Pfeffer kräftig abschmecken.

3. Bandnudeln in reichlich Salzwasser bissfest kochen. In der Zwischenzeit Tomaten in kleine Würfel schneiden.

4. Sauce mit dem Stabmixer aufschlagen, vom Herd nehmen und 3 Esslöffel von der Petersiliencreme darunter rühren. Restliche Petersiliencreme anderweitig verwenden.

5. Nudelkochwasser abgießen, Nudeln und Tomaten zur Sauce geben, mischen und leicht erwärmen. Nudeln zusammen mit der Sauce anrichten, Basilikumblätter darüber zupfen und nach Belieben mit Pinienkernen bestreuen.

Silvia Lafers Tischdekoration

Pasta Party

Eine Tischdecke aus grauem Stoff, verziert mit eingewebten Ranken-Ornamenten, harmoniert mit dem grauen Dekor. Passende Servietten zum Fächer falten und aufstellen. Mohn in verschiedenen Farben in einer Kugelvase bringt Leben auf den Tisch. Mit Zuckercreme aus der Tube das Menü auf ein Lasagne-Blatt schreiben. Halbierte Makkaroni hochkant in Serviettenringe stecken und den Namen des Gastes auf ein kleines Stück Büttenpapier schreiben, lochen und dann auf eine Makkaroni stecken. Silbernen Glitter auf dem Tisch verteilen und die Kerzenständer mit Farfalle bekleben (mit Zuckercreme).

Kartoffel-Kürbis-Kuchen und Endiviensalat mit Kartoffeldressing

*Für eine Tarteform
(28 cm Durchmesser)*

Für den Kartoffelteig:
35 g frische Hefe
1 TL Zucker
40 ml lauwarme Milch
360 g Mehl
Salz
300 g Kartoffeln (mehlig
    kochende Sorte), frisch als
    Pellkartoffeln gekocht
20 g flüssige Butter
2 Eier

Für die Kürbisfüllung:
450 g Kürbisfruchtfleisch
3 EL Schalottenstreifen
1 EL blättrig geschnittener
    Knoblauch
40 ml Rapsöl
50 ml Balsamico bianco
2–3 EL flüssiger Honig
Chili, Salz, Kümmel aus der
    Mühle
200 ml Sahne
100 g gekochter Schinken, in
    Streifen geschnitten
2 EL fein gehackte Petersilie

Außerdem:
Butter und Mehl

*Zubereitungszeit: ca. 1 Stunde
Backzeit: ca. 1 Stunde*

1. Hefe und Zucker in lauwarmer Milch auflösen und zugedeckt an einem warmen Ort aufgehen lassen.

2. Mehl und Salz verrühren. Kartoffeln schälen, in einem Topf auf der warmen Herdplatte ausdampfen lassen und durch eine Kartoffelpresse zum Mehl drücken. Butter, Hefevorteig und Eier dazugeben. Alles zu einem glatten Teig verkneten. Diesen zugedeckt an einem warmen Ort ca. 30 Minuten gehen lassen. In der Zwischenzeit den Backofen auf 190 °C vorheizen.

3. Kürbisfruchtfleisch grob reiben. Schalotten und Knoblauch im Rapsöl anbraten. Mit Balsamico-Essig ablöschen. Honig dazugeben und mit Chili, Salz und Kümmel würzen. Kürbisfleisch und Sahne dazugeben und die Masse einkochen lassen, bis sie cremig ist. Schinkenstreifen und Petersilie darunter mischen.

4. Eine Tarteform (28 cm Durchmesser) fetten und mit Mehl ausstreuen. Teig mit Mehl bestäuben und zwischen leicht bemehlter Klarsichtfolie mit der Hand flach drücken. Teig in die Form legen und die Ränder etwas nach oben drücken. Teig mit einer Gabel mehrmals einstechen und im vorgeheizten Backofen ca. 15 Minuten backen.

5. Füllung auf den Teigboden streichen. Kuchen im vorgeheizten Backofen ca. 45 Minuten backen.

6. Kartoffel-Kürbis-Kuchen aus der Form nehmen, in Stücke schneiden und zusammen mit dem Endiviensalat mit Kartoffeldressing servieren.

Für den Endiviensalat mit Kartoffeldressing:

40 g Speck, fein gewürfelt

40 g Schalotten, gewürfelt

2 Knoblauchzehen, gehackt

20 ml Distelöl

50 ml Balsamico bianco

150 ml Brühe

200 g Kartoffeln (mehlig kochende Sorte), frisch als Pellkartoffeln gekocht

Salz, Pfeffer aus der Mühle

250 g Endiviensalat, geputzt

1 EL Rapsöl

*Zubereitungszeit:
ca. 20 Minuten*

1. Speckwürfel, Schalotten und Knoblauch im Distelöl anbraten. Mit Balsamico-Essig und der Brühe ablöschen.

2. Kartoffeln schälen und noch warm durch eine Kartoffelpresse drücken. Speckmischung zu den Kartoffeln geben, mit Salz und Pfeffer würzen.

3. Endiviensalat waschen, in breite Streifen schneiden und trockenschleudern. Salat mit dem warmen Kartoffeldressing mischen und mit etwas Rapsöl beträufeln.

Krustelkuchen

von Rainer Scheuringer, Königsbrunn

Für eine Kastenform
(1 l Füllmenge)

1 kg Kartoffeln (vorwiegend
   fest kochende Sorte)
1 mittelgroße Zwiebel
2 leicht gehäufte EL Mehl
2 Eier
Salz, Pfeffer, Majoran aus
   der Mühle
300 g geräucherte
   Mettwürstchen
60 g flüssige Butter
2–3 EL Semmelbrösel
125 ml saure Sahne

Zubereitungszeit:
  ca. 30 Minuten
Backzeit: ca. 1 Stunde

1. Backofen auf 200 °C vorheizen. Kartoffeln schälen, waschen, mit Küchenkrepp trockentupfen und fein reiben. Kartoffelmasse in ein Passiertuch (Baumwolle oder Leinen) geben, Enden zusammendrehen und Flüssigkeit gut herausdrücken.

2. Zwiebel schälen und fein würfeln. Zwiebel, Mehl und Eier zu den Kartoffeln geben, mit Salz, Pfeffer und Majoran würzen und alles gut mischen. Mettwürstchen in Scheiben schneiden.

3. Eine Kastenform (1 l Füllmenge) mit etwas flüssiger Butter fetten. Kartoffelmasse und Mettwürstchen hineinschichten. Oberfläche mit der restlichen Butter begießen.

4. Krustelkuchen in den vorgeheizten Backofen schieben und ca. 1 Stunde backen. Nach 30 Minuten Oberfläche mit Semmelbröseln bestreuen. Saure Sahne leicht verquirlen, darauf gießen und Krustelkuchen fertig backen.

Dazu passt Apfel- oder Birnenkompott oder ein frischer, grüner Salat.

Silvia Lafers Tischdekoration

Spätsommer auf dem Lande

Eine tolle Variante für das Fest auf der Terrasse: Auf einem Tischläufer aus Baumwolle mit passenden Servietten einen Kürbis platzieren. Aus diesem eine Scheibe herausschneiden und den Ausschnitt mit Sonnenblumen, Schafgarbe, Gräsern und Lorbeer dekorieren. Die Menükarte mit einer Klammer am Kürbis befestigen. Die Tischkarten mit gelbem Bast um die Gläser binden.

Für 2 Personen

2 EL Schalottenwürfel
1 EL gehackter Knoblauch
20 ml Olivenöl
Salz, Chili aus der Mühle
2 EL Tomatenmark mit
   Basilikum
150 ml Tomatensaft
ca. 350 g gekochte Penne-
   Nudeln, mit etwas
   Olivenöl gemischt
50 g Oliven, entsteint und
   halbiert
2 Tomaten, geschält, ent-
   kernt und gewürfelt
120 g Mozzarella

Zum Garnieren:
Basilikumblättchen

Zubereitungszeit:
   ca. 20 Minuten
Backzeit: ca. 10 Minuten

Überbackene Nudeln mit Basilikum

1. Backofen auf 220 °C vorheizen. Schalotten und Knoblauch im Olivenöl anbraten und mit Salz und Chili würzen. Tomatenmark und Tomatensaft verrühren, dazugießen, kurz aufkochen lassen.

2. Nudeln, Oliven und Tomatenwürfel dazugeben. Alles mischen und in eine kleine ofenfeste Form (1 l Füllmenge) geben. Mozzarella in Stücke schneiden, auf den Nudeln verteilen. Nudeln im vorgeheizten Backofen ca. 10 Minuten überbacken.

3. Nudeln mit Basilikumblättchen garnieren.

Tipp:
Basilikum erst kurz vor dem Servieren dazugeben, nicht erhitzen.

Hier sind kleine Knollen gefragt, damit das Verhältnis von Kartoffel zur würzigen Füllung stimmt.

Für die Kartoffeln:

600 g kleine Kartoffeln (fest
   kochende Sorte)
75 g Bergkäse
40 g gekochter Schinken
½ TL fein geschnittener
   Schnittlauch
1 Eigelb, verquirlt
Mehl zum Mehlieren
2 Eier, verquirlt
200 g Semmelbrösel
Butterschmalz oder
   Pflanzenöl zum Ausbacken
Salz

Für den Salat:

150 g Feldsalat
100 g Friséesalat
6–8 Radieschen
50 ml Olivenöl
2 EL Schalottenwürfel
1 Knoblauchzehe, fein
   gehackt
Salz, Pfeffer aus der Mühle
30 ml Balsamico bianco
2 EL Pinienkerne, geröstet

Zum Garnieren:

Kerbelzweige

Zubereitungszeit: ca. 1 Stunde

Gefüllte Kartoffeln mit gemischtem Salat

1. Kartoffeln am besten am Vortag als Pellkartoffeln nicht zu weich kochen, noch warm schälen und abkühlen lassen.

2. Am nächsten Tag Kartoffeln der Länge nach halbieren und mit einem Kugelausstecher die Hälften etwas aushöhlen.

3. Bergkäse und Schinken in sehr kleine Würfel schneiden und mit Schnittlauch mischen.

4. In je 1 Kartoffelhälfte etwas Käse-Schinken-Füllung geben. Rand der Kartoffelhälften mit Eigelb bestreichen und die zweiten Hälften darauf setzen. Kartoffeln zuerst in Mehl, dann in verquirlten Eiern und zum Schluss in Semmelbröseln wenden.

5. Salate putzen, waschen und trockenschleudern. Radieschen waschen, trockentupfen und in dünne Scheiben oder in Viertel schneiden.

6. Butterschmalz oder Pflanzenöl in einer Pfanne erhitzen, panierte Kartoffeln darin langsam goldbraun ausbacken. Kartoffeln auf Küchenkrepp abtropfen lassen und mit Salz würzen.

7. Olivenöl, Schalottenwürfel und Knoblauch vermengen. Salat dazugeben, mit Salz und Pfeffer würzen, Balsamico-Essig zufügen und alles mischen. Radieschen und Pinienkerne darunter heben.

8. Salat zusammen mit den gebackenen Kartoffeln anrichten und mit Kerbelzweigen garnieren.

Käsespätzle-Hackfleisch-Auflauf mit Chinakohl-Aprikosen-Salat

Für eine Auflaufform
  (ca. 30 x 15 cm)

Für die Spätzle:
300 g Mehl
4 Eier
120 g Schmand
Salz, Pfeffer aus der Mühle
Muskatnuss, frisch gerieben
150 g Zwiebeln
50 g Butterschmalz

Für das Hackfleisch:
400 g Kalbshackfleisch
20 ml Rapsöl
100 g Schalotten, in Streifen
  geschnitten
20 g Knoblauch, gehackt
Salz, Pfeffer aus der Mühle
100 ml Sahne
100 ml Weißwein
2 EL fein geschnittener
  Schnittlauch

Außerdem:
250 g Bergkäse, gerieben
Butter zum Ausfetten
150 g Zwiebeln
50 g Butterschmalz
Blattpetersilie

Zubereitungszeit:
  ca. 45 Minuten
Backzeit: ca. 35 Minuten

1. Mehl, Eier und Schmand verrühren. Mit Salz, Pfeffer und Muskatnuss würzen und den Teig mit einem Kochlöffel so lange schlagen, bis er Blasen bildet.

2. Teig mit einer Spätzlepresse portionsweise in kochendes Salzwasser drücken. Einmal kurz aufkochen lassen, Spätzle mit einer Schaumkelle herausnehmen, kurz in kaltem Wasser abschrecken und abtropfen lassen.

3. Zwiebeln für die Spätzle schälen, fein würfeln und in Butterschmalz anbraten. Spätzle dazugeben, kurz mitbraten, mit Salz und Pfeffer würzen und beiseite stellen.

4. Backofen auf 170 °C vorheizen. Hackfleisch im Rapsöl anbraten. Schalotten und Knoblauch dazugeben, mitbraten und mit Salz und Pfeffer würzen. Sahne und Weißwein dazugießen und einkochen lassen. Schnittlauch unter die Fleischmasse rühren, eventuell noch einmal mit Pfeffer abschmecken und das Ganze noch etwas einkochen lassen.

5. Die Hälfte der Spätzle in eine gefettete Auflaufform geben. Einen Teil des Käses darauf streuen, Hackfleisch darauf geben, restliche Spätzle darüber geben und mit dem restlichen Käse bestreuen. Auflauf im vorgeheizten Backofen ca. 35 Minuten backen.

6. Restliche Zwiebeln schälen, in Streifen schneiden und im Butterschmalz goldbraun rösten. Anschließend herausnehmen und auf Küchenkrepp abtropfen lassen. Zwiebeln auf den fertigen Auflauf streuen und ihn mit einigen Petersilienblättern garnieren. Zusammen mit dem Chinakohl-Aprikosen-Salat servieren.

**Für den Chinakohl-
 Aprikosen-Salat:**

4 Aprikosen
300 g Chinakohl, geputzt
250 ml Pfirsichnektar
½ Chilischote, entkernt
1 EL flüssiger Honig
70 g Schmand
Salz, Pfeffer aus der Mühle
2 EL Schnittlauch, in
  ca. 3 cm lange Stücke
  geschnitten
50 ml Balsamico bianco

*Zubereitungszeit:
  ca. 15 Minuten*

1. Aprikosen waschen, trockentupfen und in Spalten schneiden. Chinakohl in breite Streifen schneiden.

2. Pfirsichnektar zusammen mit der Chilischote sirupartig einkochen lassen. Dann Honig dazugeben.

3. Aprikosen und Schmand zum Chinakohl geben, mit Salz und Pfeffer würzen. Schnittlauch, Balsamico-Essig und eingekochten Pfirsichnektar (ohne Chilischote) dazugeben und Salat gut mischen.

Kyffhäuser Käsetorte

von Christa Herold, Sondershausen

Für eine Springform
(26 cm Durchmesser)

Für den Teig:
200 g Mehl
150 g kalte Butter oder
  Margarine
Salz
6 TL Wasser
Mehl zum Ausrollen
Butter zum Ausfetten

Für den Belag:
400 g Champignons, ohne
  Stiel
250 g Hartkäse (z. B.
  Allgäuer Emmentaler)
250 g gekochter Schinken
4 Eier
150 ml Milch
Salz, Pfeffer aus der Mühle
100 g Hartkäse (z. B.
  Allgäuer Emmentaler),
  gerieben

Zubereitungszeit:
  ca. 45 Minuten
Backzeit: ca. 45 Minuten

1. Mehl in eine Schüssel sieben. Butter oder Margarine in kleinen Stücken, 1 Prise Salz und etwas Wasser dazugeben. Alles rasch zu einem glatten Teig verkneten. Teig in eine Folie wickeln und 5–10 Minuten ruhen lassen.

2. Anschließend den Teig auf einer leicht bemehlten Arbeitsfläche rund ausrollen, in eine gefettete Springform (26 cm Durchmesser) legen und einen kleinen Rand hochdrücken.

3. Champignons putzen, Lamellen entfernen und die Köpfe in wenig Wasser 5–10 Minuten dünsten. Anschließend in einem Sieb abtropfen lassen und in kleine Stücke schneiden. Hartkäse und Schinken in 1 cm große Würfel schneiden.

4. Backofen auf 170 °C (Umluft) vorheizen. Eier und Milch verquirlen, mit Salz und Pfeffer würzen und geriebenen Käse darunter rühren. Eier-Käse-Milch, Champignons, Schinken- und Käsewürfel mischen. Masse auf den Teigboden geben und glatt streichen.

5. Die Torte in den Backofen geben und ca. 45 Minuten backen. Anschließend leicht abkühlen lassen und erst dann in Stücke schneiden.

Silvia Lafers Tischdekoration

Bäuerliche Romantik

Als Platzsets dienen bedruckte Geschirrhandtücher mit Kuhmotiv in grünem Satinband eingefasst. Grün-weiß gestreifte Geschirrhandtücher, zur Ziehharmonika gefaltet, dienen als Serviette. Originell sind die Tischkarten: Hühnereier aufschlagen und auswaschen. Eierschalenhälften in die Wabe eines Eierkartons stecken, mit blauem Teelicht versehen und den Namen des Gastes darauf schreiben. Menü mit Kreide auf ein Stück Schiefer schreiben, mit Kräutern dekorieren.

Forellenfilets und Blattspinat in Nudelblättern mit Rieslingsauce

Für den Teig:
180 g Mehl
50 g Hartweizengrieß
2 EL Rapsöl
Salz
7 Eigelbe

Für die Forellenfilets:
2 Knoblauchzehen, in
　Scheiben geschnitten
2 Schalotten, in Scheiben
　geschnitten
einige Rosmarinzweige
einige Thymianzweige
300 ml Weißwein (Riesling)
4 Forellenfilets mit Haut,
　entgrätet
Salz
170 ml Sahne

Für den Spinat:
1 EL Schalottenwürfel
½ EL fein gehackter
　Knoblauch
20 g Butter
350 g Spinat
Salz, Pfeffer aus der Mühle
Muskatnuss, frisch gerieben

Außerdem:
etwas Öl
Butter zum Ausfetten
25 g kalte Butter, in Würfeln
Pfeffer aus der Mühle
2 Tomaten, enthäutet und
　entkernt

1. Mehl, Grieß, Öl, 1 Prise Salz und Eigelbe am besten in der Küchenmaschine zu einem glatten Teig verkneten. Dabei eventuell 1 Esslöffel kaltes Wasser dazugeben. Teig zu einer Kugel formen, in Klarsichtfolie wickeln und im Kühlschrank etwa 1 Stunde ruhen lassen.

2. Für die Forellenfilets Knoblauch und Schalotten auf ein Backblech streuen. Kräuterzweige dazugeben und Weißwein angießen. Forellenfilets salzen, mit der Haut nach oben auf das Blech legen und unter dem Backofengrill ca. 3 Minuten garen.

3. Haut der Fischfilets abziehen und Fischfilets quer halbieren. Den Wein vom Blech durch ein Sieb gießen. Sahne für die Sauce dazugeben und die Sauce einkochen lassen. Den Backofen auf 160 °C vorheizen.

4. Teig mit Hilfe einer Nudelmaschine dünn ausrollen und mit einem Ravioliausstecher 12 runde Teigplatten (ca. 10 cm Durchmesser) ausstechen.

5. Reichlich Wasser zusammen mit etwas Salz und Öl aufkochen. Teigplatten darin kurz garen, in kaltem Wasser abschrecken und beiseite stellen.

6. Spinat in reichlich kochendem Salzwasser blanchieren, in Eiswasser abschrecken und abtropfen lassen. Schalotten und Knoblauch in Butter andünsten. Spinat dazugeben und alles mit Salz, Pfeffer und Muskat würzen.

7. Eine Auflaufform mit Butter leicht fetten. 4 Forellentürmchen nebeneinander in die Auflaufform schichten: Mit einem Nudelblatt beginnen, darauf etwas Spinat, eine Fischfilethälfte, wieder etwas Spinat, ein Nudelblatt, die zweite Fischfilethälfte und wieder etwas Spinat geben. Mit einem Nudelblatt abschließen und dieses etwas festdrücken. Forellentürmchen im vorgeheizten Backofen noch einmal ca. 5 Minuten garen.

1 EL fein gehackter Dill
4 EL Weißbrotwürfel, in
   Butter geröstet (Croûtons)
Dillspitzen zum Garnieren
20 g Walnüsse, grob gehackt

Zubereitungszeit: ca. 1 Stunde
Ruhezeit: ca. 1 Stunde

8. Butterwürfel in die eingekochte Sauce geben. Sauce vom Herd nehmen, mit einem Stabmixer schaumig aufschlagen und mit Salz und Pfeffer würzen. Tomaten in Spalten schneiden, zusammen mit dem Dill unter die aufgeschlagene Sauce ziehen.

9. Forellentürmchen zusammen mit der Sauce anrichten. Einige Croûtons darüber streuen, Türmchen mit Dillspitzen und Walnüssen garnieren.

Forelle aus der Folie mit Kräuter-Sahne-Sauce

von Christa Schieffer-König, Büren

Für die Forellen:

4 küchenfertige frische
  Forellen (à ca. 300 g)
1 Bund Estragon
1 Bund Blattpetersilie
8 Blätter Liebstöckel
2–3 Zitronen (unbehandelt)
24 dünne Scheiben
  Schinkenspeck

Für die Sauce:

250 ml Weißwein (vorzugs-
  weise Silvaner oder Gut-
  edel)
2 Schalotten, fein gehackt
3 Blätter Liebstöckel
1 Zweig Blattpetersilie
250 ml Crème fraîche
Salz, Pfeffer aus der Mühle
1 Prise Zucker
2–3 EL grob gehackter
  Kerbel
2–3 EL grob gehackter
  Estragon

Zubereitungszeit:
  ca. 30 Minuten

1. Forellen innen und außen kalt abspülen und mit Küchenkrepp trockentupfen. Kräuter waschen, trockentupfen und in die Bauchhöhlen geben.

2. Von der Alufolie 4 Stücke abschneiden, in die die Forellen eingeschlagen werden können. Zitronen abwaschen und in ½ cm dicke Scheiben schneiden (es werden 24 Scheiben benötigt).

3. Backofen auf 180 °C (Umluft) vorheizen. Je 5 Scheiben Schinkenspeck auf jede Folie legen und je 3 Zitronenscheiben darauf legen. Forellen auf die Zitronenscheiben legen und mit je 3 Zitronenscheiben und 1 Speckscheibe abdecken. Folienstücke dicht zusammenfalzen.

4. Folienpäckchen auf einen Rost legen und Forellen ca. 15 Minuten im Ofen garen.

5. In der Zwischenzeit Wein zusammen mit Schalotten, Liebstöckel und Petersilie leicht kochen lassen. Dann den Sud durch ein Sieb gießen. Crème fraîche dazugeben und die Sauce einkochen lassen. Sauce mit Salz, Pfeffer und Zucker abschmecken, Kerbel und Estragon darunter rühren.

6. Forellen aus der Folie nehmen, Speck und Zitronen entfernen und die Forellen zusammen mit der Sauce servieren.

Dazu passen Salz- oder Pellkartoffeln und ein frischer grüner Salat.

Silvia Lafers Tischdekoration

Fischers Fritze

Bei dieser Tischdekoration wird über einem Läufer aus blauem Satin blau-transparentes Organza mit Satinband locker drapiert, darüber eine Schärpe aus ›Fischernetz‹ gelegt. Muscheln, Kieselsteine sowie blaue und helle Glassteine lose über den Tisch verteilen. Für die richtige Fluss-Atmosphäre sorgen Glasschalen mit Bachblumen, Sumpfmoos, lila Anemonen, Gräsern, dazwischen Holzvögel. Blaue Satinservietten gefächert in Ringe stecken, oben in Form einer Muschelschale auseinander ziehen. Das Menü auf Fotokarton schreiben und in einen Glasbilderrahmen stecken.

Allgäuer Käsecremesuppe mit Sesamstangen

Für die Sesamstangen:
150 g Blätterteig
etwas Mehl zum Ausrollen
1 Eigelb
2 EL weißer Sesam, geröstet
1 EL schwarzer Sesam

Für die Käsecremesuppe:
1 EL gehackter Knoblauch
1 EL Schalottenwürfel
60 g Butter
Muskatnuss, frisch gerieben
Salz, weißer Pfeffer aus der
  Mühle
etwas Vermouth
150 ml Weißwein
½ l Geflügelbrühe
150 ml Sahne
100 g Crème fraîche
200 g Allgäuer Bergkäse,
  gerieben
3 EL geschlagene Sahne

Zum Garnieren:
etwas Blattpetersilie

Zubereitungszeit:
  ca. 30 Minuten
Backzeit: ca. 15 Minuten

1. Backofen auf 180 °C vorheizen. Blätterteig auf einer bemehlten Arbeitsfläche ca. 3 mm dünn ausrollen und mit verquirltem Eigelb bestreichen. Sesam darauf streuen.

2. Teig in schmale, lange Streifen schneiden. Streifen zu Spiralen drehen. Diese auf ein mit Backpapier belegtes Backblech setzen und an den Enden etwas auf dem Papier festdrücken. Stangen im vorgeheizten Backofen in ca. 15 Minuten goldbraun backen.

3. Knoblauch und Schalotten in Butter andünsten, mit Muskat, Salz und Pfeffer würzen. Das Ganze mit Vermouth und Weißwein ablöschen. Geflügelbrühe und Sahne angießen und einkochen lassen.

4. Crème fraîche und Käse darunter rühren, Suppe nicht mehr kochen und mit einem Stabmixer pürieren. Geschlagene Sahne leicht unterheben. Suppe auf Tellern verteilen, mit Petersilienblättern garnieren und zusammen mit den Sesamstangen anrichten.

Für die Forellenbuletten:
350 g Forellenfilet, ohne
  Haut und Gräten
60 g Frühlingszwiebeln,
  geputzt
60 g Karotten, geschält
40 g Staudensellerie,
  geputzt
1 Eiweiß
½ EL Speisestärke
1 EL gehackte Petersilie
Salz, Chili aus der Mühle
2 EL Olivenöl oder
  Limonenöl

Für die Gurkenspaghetti:
1 große Salatgurke
Salz, Pfeffer aus der Mühle
½ Bund Dill, fein gehackt
30 ml Öl mit Zitrone
20 ml Balsamico bianco

Zum Garnieren:
einige Dillspitzen

Zubereitungszeit:
  ca. 30 Minuten

Forellenbuletten mit Gurkenspaghetti

1. Forellenfilet durch den Fleischwolf drehen oder fein hacken.

2. Gemüse in ganz kleine Würfel schneiden und zu den Forellen-filets geben. Eiweiß, Speisestärke und Petersilie ebenfalls dazugeben. Alles mit Salz und Chili würzen und gut verrühren.

3. Aus der Masse mit dem Eisportionierer kleine Bällchen formen, etwas plattdrücken und in heißem Öl langsam goldbraun braten. Nach dem Anbraten Pfanne abdecken.

4. Gurke mit Hilfe der Gemüsespaghettimaschine schneiden. Gurkenspaghetti mit Salz und Pfeffer würzen, mit Dill, Öl und Balsamico-Essig verrühren.

5. Spaghetti aufdrehen, auf Tellern anrichten und mit Dillspitzen garnieren. Forellenbuletten aus der Pfanne nehmen und auf die Gurkenspaghetti legen.

Feurige Hähnchenbrust auf Fenchel-Champignon-Gemüse

Für die Hähnchenbrüste:

4 Hähnchenbrustfilets mit
  Haut
Salz, Pfeffer aus der Mühle
60 g Butterschmalz
1 EL gehackter Knoblauch
1 EL Schalottenwürfel
125 ml Geflügelbrühe
50 ml Sojasauce
100 g Tomatenketchup
125 ml Tomatensaft
3 EL Honig
je ½ rote und grüne Chilischote, entkernt, gewürfelt
einige Thymianzweige

Für das Gemüse:

40 g Butterschmalz
150 g Champignons
1 große Fenchelknolle
wenig Mehl zum Bestäuben
1 Schalotte, in Streifen
  geschnitten
Salz, Pfeffer, Chili aus der
  Mühle
20 ml trockener Vermouth
50 ml Geflügelbrühe
2 Tomaten, geschält, ent-
  kernt und fein gewürfelt
1 EL fein gehackte Petersilie

Zum Garnieren:

Kerbelzweige

Zubereitungszeit:
  ca. 45 Minuten

1. Backofen auf 180 °C vorheizen. Hähnchenbrüste mit Salz und Pfeffer würzen. Butterschmalz in einer Pfanne erhitzen und Fleisch von beiden Seiten kross anbraten. Anschließend aus der Pfanne nehmen.

2. In derselben Pfanne Knoblauch und Schalottenwürfel anbraten. Mit Brühe ablöschen und sie etwas einkochen lassen. Sojasauce, Ketchup, Tomatensaft, Honig, Chili und Thymianzweige dazugeben. Die Sauce sirupartig einkochen lassen.

3. Hähnchenbrüste in die Sauce legen und mit der Sauce übergießen. Hähnchen im vorgeheizten Backofen ca. 15 Minuten garen, so dass sie eine knusprige Haut bekommen.

4. In der Zwischenzeit Champignons und Fenchel putzen. Champignons vierteln, Fenchel in ½ cm dicke Streifen schneiden. Butterschmalz in einer Pfanne erhitzen und Champignons darin gut anbraten, anschließend aus der Pfanne nehmen. Fenchelstreifen mit Mehl bestäuben, überschüssiges Mehl gut abschütteln und Fenchel in derselben Pfanne leicht braun braten.

5. Schalottenstreifen dazugeben, kurz mitbraten und Champignons wieder in die Pfanne geben. Gemüse mit Salz, Pfeffer und Chili würzen, mit Vermouth ablöschen und Brühe angießen. Gemüse so lange köcheln lassen, bis der Fenchel gar, aber noch leicht bissfest ist. Tomatenwürfel und Petersilie dazugeben, Gemüse noch einmal kurz erhitzen.

6. Fenchel-Champignon-Gemüse auf Tellern anrichten. Hähnchenbrüste darauf legen, mit Sauce überziehen und mit Kerbelzweigen garnieren.

Dazu Petersilienkartoffeln servieren.

Hähnchenbrust mit Aprikosen

von Doris Beyer, Halberstadt

100 g getrocknete Aprikosen
2 vollreife Tomaten (oder
  2 Schältomaten aus der
  Dose)
4 Hähnchenbrustfilets
Salz, Pfeffer aus der Mühle
4 EL Butterschmalz
6 kleine Zwiebeln, geviertelt
3 Knoblauchzehen, gehackt
2–3 EL Tomatenketchup
ca. 250 ml Gemüsebrühe
1 Prise Zucker

Zum Garnieren:
Kerbelzweige

Zubereitungszeit:
  ca. 45 Minuten

1. Aprikosen in kleine Stücke schneiden. Tomaten am runden Ende mit einem Messer über Kreuz leicht einritzen, kurz in kochendes Wasser tauchen, in kaltem Wasser abschrecken und die Haut abziehen. Tomaten vierteln, entkernen und fein würfeln.

2. Hähnchenbrustfilets mit Salz und Pfeffer von allen Seiten kräftig würzen. Butterschmalz in einer Pfanne erhitzen und Hähnchenbrüste von beiden Seiten darin anbraten, bis sie hellbraun sind. Fleisch aus der Pfanne nehmen.

3. Zwiebeln in derselben Pfanne anbraten, Aprikosen dazugeben und kräftig anschwitzen. Dann Knoblauch darunter rühren. Tomaten und Tomatenketchup dazugeben und alles verrühren.

4. So viel Gemüsebrühe angießen, dass das Gemüse bedeckt ist. Hähnchenbrustfilets darauf legen. Pfanne so abdecken, dass noch etwas Dampf entweichen kann. Hähnchenbrustfilets bei geringer Hitzezufuhr ca. 20 Minuten schmoren. Eventuell noch etwas Brühe nachgießen, damit Zwiebeln und Aprikosen nicht am Pfannenboden anbraten.

5. Sauce mit Salz, Pfeffer und etwas Zucker abschmecken. Hähnchenbrustfilets zusammen mit der Sauce anrichten und mit Kerbelzweigen garnieren.

Dazu passen Bandnudeln. Sie werden in Butter geschwenkt, mit Salz und Pfeffer gewürzt und mit Petersilie gemischt.

Silvia Lafers Tischdekoration

Black & White

Auf einer Tischdecke aus schwarz glänzender Baumwolle weiße Satinbänder wie Mikadostäbe verteilen, mit doppelseitigem Klebeband fixieren. Ideal dazu sind schwarze Servietten, zusammengerollt und mit weißem Satinband locker umschlungen. Für Farbe sorgen zwei rote Anthurien in einer Liegevase. Als Tischkarten Deko-Kiesel mit schwarzem Stift beschriften (ein Buchstabe pro Kiesel) und in Form eines Halbkreises um den Tellerrand legen.

Ragout von der Putenkeule mit Gemüse und Brezelknödeln

Für das Ragout:

1 Putenkeule, ausgelöst
  (ca. 1,5 kg)
2 l Geflügelbrühe
½ Stange Lauch
¼ Knollensellerie
2 Karotten
4 Tomaten
Salz, Pfeffer aus der Mühle
einige Rosmarinzweige
einige Lorbeerblätter
6 Pfefferkörner
100 g Zuckerschoten
1 Bund Fingermöhren
3 Frühlingszwiebeln
40 g Butter
40 g Mehl
50 ml Weißwein
200 ml Sahne
Chili aus der Mühle
2 EL grob geschnittene
  Petersilie
3 EL geschlagene Sahne

Zubereitungszeit: ca. 2 Stunden

1. Keule enthäuten und von Fett und groben Sehnen befreien. Brühe durch ein Sieb in einen Topf gießen. Lauch, Sellerie, Karotten und 2 Tomaten waschen, schälen bzw. putzen und klein schneiden. Klein geschnittenes Gemüse in die Brühe geben und aufkochen.

2. Fleisch mit Salz und Pfeffer würzen, Rosmarinzweige, Lorbeerblätter und Pfefferkörner in die Mitte der Keule legen und Fleischränder nach innen schlagen. Keule in ein Küchentuch binden und in der Brühe ca. 1 ¼ Stunden kochen.

3. Zuckerschoten, Fingermöhren und Frühlingszwiebeln putzen. Zuckerschoten und Fingermöhren in kochendem Salzwasser blanchieren, in kaltem Wasser abschrecken und abtropfen lassen. Frühlingszwiebeln in Ringe schneiden. Restliche 2 Tomaten am runden Ende über Kreuz leicht einritzen, kurz in kochendes Wasser geben, in kaltem Wasser abschrecken, enthäuten, vierteln und die Kerne entfernen.

4. Keule aus der Brühe nehmen, Kräuter und Gewürze entfernen und Fleisch in Würfel schneiden. Brühe durch ein Sieb gießen.

5. Butter schmelzen lassen. Mehl hineinsieben, anschwitzen und ca. 600 ml Brühe unter Rühren langsam dazugießen. Weißwein und Sahne dazugeben, Sauce mit Salz und Chili würzen und einkochen lassen.

6. Fleisch und Gemüse in die Sauce geben und alles erwärmen. Petersilie und geschlagene Sahne unter das Ragout heben.

7. Ragout zusammen mit Brezelknödeln anrichten.

Für die Brezelknödel:

200 g Laugenbrezeln
50 g gekochter Schinken
50 g Schalotten, gewürfelt
20 g Butter
2 Eier
80 g Mehl
1 EL Thymianblättchen
Salz, Pfeffer aus der Mühle
Muskatnuss, frisch gerieben
150 ml Milch

Zubereitungszeit:
  ca. 40 Minuten

1. Salz von den Brezeln kratzen und Brezeln in kleine Würfel schneiden.

2. Schinken in Würfel schneiden und zusammen mit Schalotten in Butter anbraten. Eier, Mehl und Thymianblättchen zu den Brezeln geben und mit Salz, Pfeffer und Muskatnuss würzen. Milch erhitzen, dazugeben. Alles mischen und Masse etwas ruhen lassen, bis die Brezeln die Flüssigkeit aufgesogen haben.

3. Aus der Masse Knödel formen und diese in siedendem Wasser ca. 15 Minuten garen.

Putenkeule auf Tomatenbett

von Rainer Stiller, München

Für 6 Personen

700 g Tomaten
½ Bund Frühlingszwiebeln
600 g Lauch
1 Putenkeule, ausgelöst und
   zur Rolle gebunden (ca.
   1,5 kg)
Salz, Pfeffer aus der Mühle
2–3 EL Rapsöl
1–2 EL Rosenpaprikapulver
1 Bund krause Petersilie
Butterschmalz zum
   Frittieren
3 EL Balsamico bianco
4 EL Kürbiskernöl
ca. 150 ml Brühe

Zubereitungszeit:
   ca. 1 ¾ Stunden

1. Von den Tomaten 3 und von den Frühlingszwiebeln 1 beiseite legen. Restliche Tomaten am runden Ende über Kreuz leicht einritzen, kurz in kochendes Wasser geben, in kaltem Wasser abschrecken, enthäuten und vierteln. Lauch und restliche Frühlingszwiebeln putzen, waschen und in breite Ringe schneiden.

2. Backofen auf 180 °C vorheizen. Putenkeule mit Salz und Pfeffer würzen, in heißem Rapsöl von allen Seiten kräftig anbraten und wieder aus der Pfanne nehmen. Frühlingszwiebeln und Lauch in die Pfanne geben und andünsten. Tomaten und Paprikapulver dazugeben und alles gut mischen. Putenkeule auf das Gemüse setzen und im vorgeheizten Backofen 1 gute Stunde garen.

3. In der Zwischenzeit für die Garnitur Petersilie waschen und gut trockentupfen. Blätter abschneiden, in heißem Butterschmalz frittieren und auf Küchenkrepp abtropfen lassen.

4. Beiseite gelegte Tomaten waschen, trockentupfen, in hauchdünne Scheiben schneiden und auf Tellern anrichten. Frühlingszwiebel putzen und fein schneiden. Balsamico-Essig, etwas Salz und Pfeffer und Frühlingszwiebelstückchen verrühren, Öl darunter rühren. Tomaten mit der Vinaigrette beträufeln.

5. Putenkeule herausnehmen und warm stellen. Brühe zum Gemüse geben und das Ganze mit dem Stabmixer pürieren. Sauce mit Salz und Pfeffer würzen.

6. Putenkeule in Scheiben schneiden, auf den Tomaten anrichten, mit frittierter Petersilie garnieren und zusammen mit der Sauce servieren.

Silvia Lafers Tischdekoration

Elegante Tafelfreuden

Für Ausgewogenheit sorgt eine Dekoration mit goldbronzener Tischdecke. Wunderschön sind ein kleines und ein großes Gesteck aus champagnerfarbenen Rosen, Fiedergras, Schachtelhalmen, Eukalyptus, Aralien-, Seerosen- und Palmblättern mit einer Schleife aus goldenem Satinband. Eine DIN A5-Karte mit aufgedrucktem Aquarell mit roter Rose dient als Menükarte. Vor jedem Platz steht ein Körbchen aus Golddraht mit braunen Perlen und einer kleinen weißen Kerze. Für die Platzkarten wird ein Aquarellmotiv ausgeschnitten und mit Perlonfäden am Körbchen befestigt.

Für die Poulardenbrust:

2 Poulardenbrustfilets
2 EL Sojasauce
2 EL Sesamöl
Koriander aus der Mühle
1 EL fein gehackter frischer
   Ingwer

Für den Salat:

350 g Staudensellerie
Salz, Pfeffer aus der Mühle
6 Orangen
1 EL mittelscharfer Senf
50 ml Fleischbrühe
40 ml Distelöl
1 EL flüssiger Honig
2 EL in Streifen geschnittene
   Blattpetersilie
20 ml Balsamico bianco

Für den Tempurateig:

125 g Mehl
125 g Speisestärke
2 Eigelbe
Salz
ca. 250 ml eiskaltes Wasser
½ EL fein gehacktes
   Korianderkraut

Außerdem:

Mehl zum Mehlieren
Butterschmalz zum
   Ausbacken

*Zubereitungszeit:
   ca. 45 Minuten
Marinierzeit: 12 Stunden*

Tempura von Poulardenbruststreifen mit Staudensellerie-Orangen-Salat

1. Poulardenbrustfilets bereits am Vortag in ca. 3 cm breite und 8 cm lange Streifen schneiden. Sojasauce, Sesamöl, frisch gemahlenen Koriander und Ingwer verrühren. Poulardenbrust in die Marinade legen und im Kühlschrank abgedeckt bis zum nächsten Tag marinieren lassen.

2. Staudensellerie putzen, waschen und schräg in Scheiben schneiden, kurz in Salzwasser blanchieren, in kaltem Wasser abschrecken und abtropfen lassen. Orangen schälen, dabei weiße Innenhaut mit abschneiden und Filets aus den Trennwänden schneiden.

3. Für die Salatsauce Senf, Brühe, etwas Salz und Pfeffer und das Distelöl verrühren.

4. Für den Tempurateig Mehl, Speisestärke, Eigelbe und Salz mischen. Wasser dazugeben und alles mit einem Stabmixer pürieren, bis ein glatter Teig entstanden ist. Korianderkraut darunter rühren.

5. Poulardenbruststreifen aus der Marinade nehmen, in Mehl wenden. Etwas Tempurateig auf einen flachen Teller geben, Fleischstreifen darauf legen und mit Teig überziehen. Streifen im heißen Butterschmalz knusprig goldbraun ausbacken, zwischendurch einmal wenden. Fleisch herausnehmen und auf Küchenkrepp abtropfen lassen.

6. Staudensellerie und Orangenfilets zur Salatsauce geben. Honig, Petersilie und Balsamico-Essig dazugeben. Alle Salatzutaten vorsichtig miteinander mischen.

7. Salat zusammen mit der Tempura von der Poulardenbrust anrichten.

Putenbruststreifen mit Gemüse

400 g Putenbrust, in Streifen geschnitten
3 EL Sojasauce
1 EL Speisestärke
je 1 rote und grüne Paprikaschote
100 g Austernpilze
50 g Chinakohlblätter
40 ml Sesamöl
50 g Schalotten, in Streifen geschnitten
1 EL fein gehackter frischer Ingwer
1 EL gehackter Knoblauch
50 g Sojasprossen
20 ml Sojasauce
2 EL süße Chilisauce
1 EL Austernsauce
Salz
½ TL Currypulver
1 Msp. Kurkumapulver
1 EL gehacktes Korianderkraut

Zum Garnieren:
Korianderkraut

*Zubereitungszeit:
ca. 30 Minuten
Marinierzeit: ca. 12 Stunden*

1. Putenbruststreifen am besten am Vortag in Sojasauce einlegen und über Nacht marinieren lassen. Am nächsten Tag Speisestärke darüber sieben und alles mischen.

2. Paprikaschoten mit dem Sparschäler schälen, Austernpilze und Chinakohl putzen und alles in ½ cm breite Streifen schneiden.

3. Die Hälfte des Öls in einer Pfanne erhitzen, Fleisch darin anbraten und wieder herausnehmen. Nacheinander Schalotten, Ingwer, Knoblauch, Austernpilze und Paprikaschoten in die Pfanne geben und braten. Restliches Sesamöl dazugeben. Dann Chinakohl und Sojasprossen dazugeben und kurz mitbraten. Sojasauce, Chilisauce und Austernsauce angießen und Gemüse mit Salz würzen. Das Fleisch wieder dazugeben und mit dem Gemüse mischen. Alles mit Curry- und Kurkumapulver würzen und Korianderkraut darunter rühren.

4. Putenbruststreifen und Gemüse anrichten und mit Korianderkraut garnieren.

Schweinefilet im Pfannkuchenmantel mit Spinatrahmsauce

Für das Schweinefilet:
1 Schweinefilet (ca. 500 g)
Salz, Pfeffer aus der Mühle
30 g Butterschmalz
einige Thymianzweige
einige Rosmarinzweige
2 ungeschälte Schalotten,
  quer halbiert
100 ml Sahne

Für die Pfannkuchen:
1 Ei
100 ml Milch
60 g Mehl, gesiebt
20 g flüssige Butter
Salz
Butterschmalz zum
  Ausbacken
Kümmel aus der Mühle

Für die Spinatrahmsauce:
500 g Spinat
Salz, Pfeffer aus der Mühle
2 EL Schalottenwürfel
1 EL gehackter Knoblauch
30 g Butter
Muskatnuss, frisch gerieben
100 ml Weißwein
80 ml Fleischbrühe
100 ml Sahne
5 EL geschlagene Sahne

Zum Garnieren:
Kerbelzweige

Zubereitungszeit: ca. 1 Stunde

1. Schweinefilet von Haut und Sehnen befreien. Spitze und Kopf des Filets abschneiden (ca. 150 g) und in kleine Würfel schneiden. Fleischwürfel mit Salz und Pfeffer würzen und kurz ins Gefrierfach stellen.

2. Mittelstück des Filets im Butterschmalz von allen Seiten gut anbraten und mit Salz und Pfeffer würzen. Kräuterzweige und Schalotten dazugeben und etwas mitbraten. Filet herausnehmen und abkühlen lassen, Pfanne mit Kräutern und Schalotten beiseite stellen.

3. Die kalten Fleischwürfel in einen Mixer geben, mit Salz und Pfeffer würzen und kurz mixen. Sahne dazugeben und alles so lange weitermixen, bis eine glatte Farce entstanden ist.

4. Den Backofen auf 150 °C vorheizen. Für die Pfannkuchen Ei und Milch verrühren, Mehl darunter rühren. Flüssige, aber nicht mehr heiße Butter und etwas Salz dazugeben und alles mit dem Stabmixer zu einem glatten Teig verrühren.

5. In einer Pfanne etwas Butterschmalz erhitzen, etwas Teig hineingeben und durch leichtes Schwenken auf dem Pfannenboden verteilen. Solange der Teig noch nicht fest ist, ihn mit Kümmel würzen. Dann den Pfannkuchen auf beiden Seiten backen, bis er leicht gebräunt ist. Pfannkuchen aus der Pfanne nehmen und restliche Pfannkuchen backen. Die Pfannkuchen etwas abkühlen lassen.

6. Pfannkuchen leicht überlappend auf ein großes Stück Alufolie legen und dünn mit Farce bestreichen. Schweinefilet darauf legen, alles mit Hilfe der Alufolie zusammenrollen. Pfannkuchenrolle in die Alufolie wickeln, dabei an den Enden gut zusammendrücken. Folie rundherum mit einer Rouladennadel einstechen. Rolle in die Pfanne mit den Kräutern legen und im vorgeheizten Backofen 30–45 Minuten garen.

7. In der Zwischenzeit Spinat waschen, putzen und in kochendem Salzwasser kurz blanchieren. Spinat in Eiswasser abschrecken, ausdrücken und grob hacken.

8. Schalotten und Knoblauch in Butter andünsten, aber nicht bräunen. Mit etwas Salz und Muskatnuss würzen, mit Weißwein ablöschen. Pfeffer, Brühe und Sahne dazugeben. Die Sauce einkochen lassen. Geschlagene Sahne unter die Sauce rühren und sie mit etwas Salz würzen. Spinat in die Sauce geben.

9. Fleisch aus der Alufolie wickeln und in breite Scheiben schneiden. Spinatrahmsauce auf Tellern verteilen, Filetscheiben im Pfannkuchenmantel darauf anrichten und mit Kerbelzweigen garnieren.

Carpaccio vom Schweinefilet in Apfelsamtsuppe

von Jens-Uwe Flügel, Hamburg

Für das Schweinefilet:
300 g Schweinefilet, küchenfertig
20 ml Balsamico bianco
5 EL Orangenlikör
1–2 EL Sonnenblumenöl
etwas geriebene Orangen-
   schale
1 TL Zitronensaft

Für die Apfeleinlage:
2 feste Äpfel
½ TL Zitronensaft
75 ml Cidre
2–3 EL Orangenlikör

Für die Suppe:
200 g Frühlingszwiebeln
1 EL Rapsöl
250 ml Gemüsebrühe
250 ml Apfelsaft (naturtrüb)
250 ml Cidre
250 ml Sahne
2 TL geriebener Meerrettich
Muskatnuss, frisch gerieben
scharfes Paprikapulver
einige Zweige Basilikum
Salz
2 EL geröstete Sonnen-
   blumenkerne

Zubereitungszeit:
* ca. 1 ¼ Stunden*
Marinierzeit: ca. 1 Tag

1. Schweinefilet mit Essig einsprühen. Orangenlikör, Öl, Orangenschale und Zitronensaft verrühren, Fleisch in der Marinade wenden. Fleisch und Marinade in einen Gefrierbeutel geben, diesen gut verschließen und das Fleisch im Kühlschrank 1 Tag marinieren lassen.

2. Am nächsten Tag Filet für ca. 1 Stunde in das Gefrierfach legen. Dann lässt es sich besser in dünne Scheiben schneiden.

3. Äpfel schälen, entkernen und in dünne Spalten schneiden. Zitronensaft, Cidre und Orangenlikör mischen und zusammen mit den Äpfeln in einen Gefrierbeutel geben. Beutel gut verschließen und Äpfel im Kühlschrank marinieren lassen.

4. Frühlingszwiebeln putzen, waschen und in feine Röllchen schneiden. Anschließend im Öl andünsten. Gemüsebrühe, Saft und Cidre dazugeben und die Suppe etwas einkochen. Sahne und Meerrettich hinzufügen. Suppe mit Muskatnuss und Paprikapulver würzen, anschließend mit dem Stabmixer aufmixen.

5. Basilikumzweige waschen, mit Küchenkrepp trockentupfen, einige Blättchen für die Garnitur beiseite legen. Den Rest in die Suppe rühren. Die Suppe eventuell mit etwas Salz würzen.

6. Schweinefilet aus dem Gefrierbeutel nehmen und in dünne Scheiben schneiden. Scheiben in vorgewärmte Suppenteller legen. Apfelspalten darauf verteilen und heiße Suppe vorsichtig darauf geben. Mit Sonnenblumenkernen bestreuen und mit einigen Basilikumblättchen garnieren.

Dazu passt am besten Weißbrot. Man kann aber auch kleine Käsemuffins dazu reichen.

Silvia Lafers Tischdekoration

Moderne Romantik

Eine Tischschärpe aus Organza in Naturweiß, passend abgestimmt mit lindgrünen rautenförmigen Platzsets und dekoriert mit grünen Glaskieseln, die lose über den Tisch verteilt liegen, lädt zum Wohlfühlen ein. Die Servietten werden zur Bischofsmütze gefaltet. Für den Blumenschmuck verwendet Silvia Lafer eine halb aufgeschnittene Flasche (liegend) gefüllt mit Wachsblumen, Olivenzweigen und Zitronenthymian. Als Tischkarten dienen mit Goldstift beschriftete Salal-Blätter, die in die Serviette gesteckt werden.

Gefüllte Schweinekoteletts mit süß-saurem Weißkohl

Für die Schweinekoteletts:

1 Schalotte, gewürfelt
1 Knoblauchzehe, gehackt
20 g Butter
½ Chilischote, entkernt und
    fein gehackt
Koriander, Kümmel und
    Chili aus der Mühle
1 EL Honig
1 EL gehacktes Koriander-
    kraut
100 g Pflaumenmus
Salz, Pfeffer aus der Mühle
4 Schweinekoteletts
80 g Mandeln, geschält und
    fein gerieben
100 g frische Weißbrotbrösel
50 g getrocknete Äpfel, fein
    gehackt
2 EL geschlagene Sahne
2 Eier, verquirlt
Mehl zum Mehlieren
Butterschmalz zum
    Ausbacken

Zum Garnieren:
Kerbelzweige

1. Schalotte und Knoblauch in Butter anschwitzen, Chilischote dazugeben und alles mit Koriander, Kümmel und Chili würzen. Honig und Korianderkraut dazugeben. Das Ganze vom Herd nehmen, Pflaumenmus dazugeben, mit Salz und Pfeffer würzen und alles glatt verrühren.

2. In die Koteletts eine Tasche schneiden, das Fleisch mit Klarsichtfolie abdecken und plattieren. Pflaumenmusfüllung in die Taschen streichen und Koteletts von außen mit Salz und Pfeffer würzen.

3. Mandeln in einer trockenen Pfanne rösten. Anschließend mit Weißbrotbröseln und Apfelstückchen mischen. Geschlagene Sahne und Eier verrühren.

4. Koteletts zuerst in Mehl, dann in der Eiersahne und zuletzt in der Mandel-Brösel-Apfel-Mischung wenden. Panade andrücken.

5. Für den Weißkohl Knoblauch und Schalotten in Butter glasig dünsten. Zucker zufügen und Knoblauch und Schalotten glasieren. Alles mit Salz, Pfeffer und Chili würzen, mit Zitronensaft ablöschen und Weißwein dazugeben. Kohl darunter rühren, Topf abdecken und den Kohl so lange dünsten, bis er gar, aber noch bissfest ist.

6. In der Zwischenzeit Koteletts in heißem Butterschmalz goldgelb ausbacken, auf Küchenkrepp abtropfen lassen und salzen.

7. Weißkohl noch einmal mit Pfeffer würzen. Tomatenspalten, Sahne und Schnittlauch unter den Kohl geben.

8. Koteletts zusammen mit süß-saurem Weißkohl anrichten und mit Kerbelzweigen garnieren.

Für den Weißkohl:
1 Knoblauchzehe, fein
   gehackt
200 g Schalotten, in Streifen
   geschnitten
20 g Butter
3 EL Zucker
Salz, Pfeffer und Chili aus
   der Mühle
50 ml Zitronensaft
80 ml Weißwein
400 g Weißkohl, in Streifen
   geschnitten
2 Tomaten, geschält, ent-
   kernt und in Spalten
   geschnitten
3 EL geschlagene Sahne
1 EL fein geschnittener
   Schnittlauch

Zubereitungszeit: ca. 1 Stunde

Koteletts à la Mokka

von Günter Keck, Stockstadt

2 große Zwiebeln
4 Schweinekoteletts
2–3 EL Rapsöl
Salz, Pfeffer aus der Mühle
600 ml heiße Fleischbrühe
1 ½ EL Cognac
1 EL Zucker
2 TL löslicher Kaffee
2–3 EL Crème fraîche

*Zubereitungszeit:
  ca. 20 Minuten*

1. Zwiebeln schälen und in schmale Streifen schneiden.

2. Koteletts im heißen Öl von beiden Seiten anbraten, anschließend mit Salz und Pfeffer würzen. Koteletts aus der Pfanne nehmen und warm stellen.

3. Zwiebelstreifen im verbliebenen Bratfett andünsten. Heiße Brühe, Cognac, Zucker und Kaffeepulver verrühren und zu den Zwiebeln geben. Sauce etwas einkochen lassen.

4. Koteletts wieder in die Sauce legen, diese mit der Crème fraîche verfeinern.

5. Koteletts zusammen mit der Sauce anrichten.

Dazu passen Petersilienkartoffeln und Brokkoli mit Butter und gerösteten Mandelblättchen.

Schlicht und schön

Die Tischdecke aus champagnerfarbenem Satin wird mit blauen Schleifen gerafft, darüber liegt eine Überdecke mit Blumendruck aus Organza. Aufmerksamkeit erregen die zu einem Hemd gefalteten Servietten passend zum Geschirr, die mit einer blauen Schleife als ›Krawatte‹ verkleidet sind. Ein Sommerstrauß aus Margeriten und Olivenzweigen unterstreicht die unaufdringliche Eleganz des Tisches. Kleine Sträuße, mit dem Namen des Gastes auf dem Blumenblatt, dienen als Tischkarten. Eine klassische Menükarte zum Aufklappen rundet das Ganze ab.

Schweinemedaillons in Speckbröseln

Für die Medaillons:
8 Medaillons vom
  Schweinefilet (à ca. 80 g)
3 Knoblauchzehen, gehackt
4 Thymianzweige
2 Rosmarinzweige
80 ml Olivenöl

Für das Kartoffel-Ragout:
300 g Kartoffeln (fest
  kochende Sorte)
30 g Butterschmalz
50 ml Weißwein
100 ml Sahne
1 EL fein gehackter
  Knoblauch
2 EL Schalottenwürfel
1 Bund Frühlingszwiebeln,
  in ca. 1 cm dicke Ringe
  geschnitten
Salz, Pfeffer aus der Mühle

Außerdem:
100 g frische Weißbrotbrösel
3 EL fein gewürfelter
  Frühstücksspeck
Butterschmalz zum
  Ausbraten
Salz

Zum Garnieren:
Kerbelzweige

Zubereitungszeit:
  ca. 40 Minuten
Marinierzeit: ca. 12 Stunden

1. Medaillons bereits am Vortag mit Knoblauch, Kräutern und Olivenöl mischen, abgedeckt im Kühlschrank bis zum nächsten Tag marinieren lassen.

2. Kartoffeln schälen und in ca. 1 cm große Würfel schneiden. Kartoffelwürfel im Butterschmalz goldbraun braten. Weißwein, Sahne, Knoblauch und Schalotten dazugeben und die Sauce langsam einkochen lassen, bis die Kartoffeln gar sind.

3. Weißbrotbrösel und Speck mischen. Medaillons aus der Marinade nehmen, in den Bröseln wenden und im heißen Butterschmalz von beiden Seiten langsam braten.

4. Frühlingszwiebeln zu den Kartoffeln geben. Alles mischen und mit Salz und Pfeffer würzen. Die Frühlingszwiebeln sollten nicht zerfallen, sondern noch bissfest bleiben.

5. Medaillons kurz auf Küchenkrepp abtropfen lassen und mit Salz würzen. Ragout auf einem Teller anrichten, Medaillons darauf legen und mit Kerbelzweigen garnieren.

Schweinekotelett im Schinkenmantel mit Pfifferlingen

Für die Schweinekoteletts:
1 Bund Blattpetersilie
4 Schweinekoteletts
8 dünne Scheiben roher
  Schinken (z. B. Schwarzwälder Schinken)
30 g Butterschmalz
einige Rosmarinzweige
einige Thymianzweige
Salz, Pfeffer aus der Mühle

Für die Pfifferlinge:
400 g Pfifferlinge
30 g Butterschmalz
2 Schalotten, gewürfelt
2 Knoblauchzehen, gehackt
3 Frühlingszwiebeln, in
  dünne Ringe geschnitten
30 ml Olivenöl
30 ml Balsamico bianco
Salz
80 g Crème fraîche
1 Tomate, geschält, entkernt
  und in Spalten geschnitten
1 EL gehackte Blattpetersilie

Zum Garnieren:
Kerbelzweige

*Zubereitungszeit:
  ca. 35 Minuten*

1. Petersilienblättchen abzupfen, Koteletts damit belegen und je
1 Kotelett in 2 Scheiben Schinken einwickeln.

2. Pfifferlinge putzen, je nach Größe halbieren oder vierteln und
im Butterschmalz anbraten.

3. Koteletts in Butterschmalz anbraten, Kräuterzweige dazugeben,
Koteletts salzen und pfeffern und langsam fertig braten.

4. In der Zwischenzeit Schalotten, Knoblauch und Frühlingszwiebeln zu den Pfifferlingen geben und kurz mitbraten. Olivenöl,
Essig und etwas Salz verrühren. Crème fraîche darunter rühren.
Pfifferlinge, Schalotten, Knoblauch und Frühlingszwiebeln sowie
Tomatenspalten und Petersilie darunter heben.

5. Koteletts herausnehmen, auf Küchenkrepp abtropfen lassen, mit
den Pfifferlingen anrichten und mit Kerbelzweigen garnieren.

Hackfleisch-Kartoffel-Buletten auf Tomaten-Paprika-Gemüse

Für die Buletten:
6 Knoblauchzehen
Butterschmalz zum
   Frittieren und Braten
3 Scheiben Toastbrot
40 g Butter
100 ml Milch
80 g Speck
80 g Schalotten, in feine
   Streifen geschnitten
250 g Schweinehackfleisch
Salz, Pfeffer, Chili aus der
   Mühle
1 kleines Ei
1 EL gehackte Petersilie
1 EL Majoranblättchen
400 g Kartoffeln (fest
   kochende Sorte)

Für das Gemüse:
4 Tomaten
je 1 rote und gelbe
   Paprikaschote
2 grüne Paprikaschoten
200 g Schalotten, in Ringe
   geschnitten
2 Knoblauchzehen, gehackt
30 ml Rapsöl
1 EL Tomatenmark
200 ml Tomatensaft
Salz, Pfeffer aus der Mühle
1 TL Paprikapulver, edelsüß
einige Thymianzweige

Zubereitungszeit:
  ca. 1 ¼ Stunden

1. Knoblauch schälen und in dünne Scheiben schneiden. Knoblauch in heißem Butterschmalz frittieren und auf Küchenkrepp abtropfen lassen.

2. Vom Toastbrot Rinde abschneiden. Brot in kleine Würfel schneiden, in einer Pfanne mit 20 g Butter goldgelb rösten. Milch darauf gießen und Brot etwas ziehen lassen.

3. Speck in feine Streifen schneiden, in einer Pfanne kross braten. Schalotten dazugeben und goldgelb rösten.

4. Fleisch mit Salz, Pfeffer und Chili würzen und mit Ei, Toastbrot, Speck-Schalotten-Mischung, Knoblauch, Petersilie und Majoran gut mischen.

5. Für das Gemüse Tomaten am runden Ende über Kreuz leicht einritzen, kurz in kochendes Wasser geben, in kaltem Wasser abschrecken und enthäuten. Tomaten in Viertel schneiden und Kerngehäuse entfernen. Paprikaschoten mit dem Sparschäler schälen, halbieren, entkernen und in große Würfel schneiden.

6. Schalotten und Knoblauch im Rapsöl anschwitzen. Tomatenmark und Tomatensaft verrühren, zu Schalotten und Knoblauch geben. Paprikaschoten dazugeben, alles mit Salz, Pfeffer und Paprikapulver würzen. Gemüse zugedeckt bei geringer Hitze weich dünsten.

7. In der Zwischenzeit Kartoffeln für die Buletten schälen, mit einer Gemüseschneidemaschine in dünne, lange ›Spaghetti‹ schneiden. Einige Kartoffelspaghetti in gefettete, kleine Metallringe legen. Etwas Hackfleisch darauf geben, mit Kartoffelspaghetti abdecken und sie festdrücken. Ringe abziehen und Buletten in Butterschmalz kross braten. Zum Schluss restliche 20 g Butter dazugeben und schmelzen lassen.

8. Tomatenviertel und Thymianzweige zum Gemüse geben und alles noch einmal kurz erwärmen. Hackfleisch-Kartoffel-Buletten zusammen mit Thymianzweigen und Tomaten-Paprika-Gemüse anrichten.

Hackfleischring im Kraut

von Verena Kirschner, Eggstätt

Für 6 Personen

ca. 600 g Wirsing
Salz
Öl zum Ausfetten
1 altbackenes Brötchen
600 g Schweinehackfleisch
2 Zwiebeln, gewürfelt
2 Eier
1 TL gehackte Petersilie
weißer Pfeffer aus der Mühle
Kümmel aus der Mühle
1 Prise gemahlener Safran
1 TL Ingwerpulver
1 TL Paprikapulver

Zubereitungszeit:
  ca. 25 Minuten
Garzeit: ca. 1 Stunde

1. Strunk des Wirsings herausschneiden, äußere Blätter entfernen. Wirsingkopf in die einzelnen Blätter zerteilen und in wenig Salzwasser kurz blanchieren. Blätter herausnehmen, abtropfen und leicht abkühlen lassen.

2. Von den großen äußeren Blättern die groben Rippen herausschneiden. Eine Springform mit Kranzeinsatz fetten und mit den großen Blättern auslegen. Innere kleine Wirsingblätter in Stücke schneiden.

3. Brötchen kurz in kaltem Wasser einweichen, dann ausdrücken und zum Hackfleisch geben. Zwiebeln, Eier, ausgedrücktes Brötchen, klein geschnittenen Wirsing und Petersilie dazugeben.

4. Masse kräftig mit Salz, Pfeffer, Kümmel, Safran, Ingwer- und Paprikapulver würzen und alles gut mischen. Hackfleischmasse in die Ringform geben, Wirsingblätter darüber klappen und mit den restlichen großen Wirsingblättern abdecken.

5. Form mit Alufolie gut verschließen und in einen großen Topf mit etwas Salzwasser stellen. Topf mit einem Deckel verschließen. Hackfleischring im Krautmantel ca. 1 Stunde in siedendem Wasser dämpfen.

6. Hackfleischring auf eine vorgewärmte Platte stürzen und in Stücke schneiden.

Dazu passen Tomatensauce und Petersilienkartoffeln.

Silvia Lafers Tischdekoration

Frisch und fröhlich

Eine Tischdecke aus aprikosenfarbener Baumwolle mit Satinmuster und passenden Servietten als »Diamant« gefaltet auf den Platzteller legen. Ein toller Farbtupfer ist das Gesteck aus roten, orangefarbenen und gelben Gerbera in einer flachen, grünen Schale mit Reptilmuster. Die Menükarte besteht aus einer kleinen mit Kreide beschriebenen Schultafel. Aus Holzstäbchen wird für jeden Gast eine Staffelei gebastelt und mit Mini-Tafeln, auf denen der Name steht, bestückt.

Geschmorte Schweineschulter mit Paprika-rahmsauce und Nuss-Schupfnudeln

Für die Schweineschulter:
1 kg magere Schweine-
schulter
20 g Butterschmalz
je 80 g Karotten, Lauch und
  Sellerie, in Stücke geschnitten
einige Thymianzweige
einige Rosmarinzweige
6 Knoblauchzehen, geschält
1 EL Tomatenmark
2 EL Paprikapulver, edelsüß
250 ml Weißwein
100 ml Fleischbrühe
Salz, Pfeffer aus der Mühle

Für die Nuss-Schupfnudeln:
400 g Kartoffeln (mehlig
  kochende Sorte)
40 g Hartweizengrieß
40 g Mehl
80 g Walnüsse, gehackt
1 Eigelb
Salz, Pfeffer aus der Mühle
Muskatnuss, frisch gerieben
30 g Butter
2 EL fein gehackte Petersilie
3 EL fein gehackte Walnüsse

Außerdem:
200 ml Sahne
2 EL geschlagene Sahne
Blattpetersilie

Zubereitungszeit:
  ca. 1 ½ Stunden

1. Backofen auf 160 °C vorheizen. Schweineschulter von Häuten und Sehnen befreien, in heißem Butterschmalz gut anbraten und wieder aus der Pfanne nehmen.

2. Karotten, Lauch und Sellerie, Thymian-, Rosmarinzweige und Knoblauch in die Pfanne geben und anrösten. Tomatenmark und Paprikapulver dazugeben, kurz mitrösten und mit Weißwein und Fleischbrühe ablöschen. Gemüse mit Salz und Pfeffer würzen. Braten wieder in die Pfanne legen und im vorgeheizten Backofen ca. 1 Stunde schmoren.

3. In der Zwischenzeit Kartoffeln waschen, als Pellkartoffeln garen. Anschließend Kartoffeln schälen, etwas ausdämpfen lassen und durch eine Kartoffelpresse drücken. Grieß, Mehl, Walnüsse und Eigelb zu den Kartoffeln geben. Alles mit Salz, Pfeffer und Muskatnuss würzen und gut verkneten, bis ein glatter Teig entstanden ist.

4. Hände mit Mehl bestäuben und aus dem Teig Schupfnudeln formen. Diese in kochendes Salzwasser geben und ziehen lassen, bis sie an der Oberfläche schwimmen. Schupfnudeln herausnehmen und auf Küchenkrepp abtropfen lassen.

5. Schupfnudeln in Butter goldgelb anbraten, mit Salz und Pfeffer würzen und mit Petersilie und Walnüssen mischen.

6. Sahne einkochen lassen. Braten aus der Sauce nehmen, Sauce durch ein Sieb zur Sahne passieren und mit Salz und Pfeffer würzen. Sauce mit einem Stabmixer aufmixen und geschlagene Sahne darunter rühren.

7. Braten aufschneiden, zusammen mit der Sauce und Nuss-Schupfnudeln anrichten und mit Blattpetersilie garnieren.

Apfelschmorbraten mit Rösti

von Gaby Groth, Düren

Für den Schmorbraten:
700 g Schweinebraten (aus
    dem Rücken)
Salz, Pfeffer aus der Mühle
2 EL flüssiger Honig
1 EL Butter
2 EL Sonnenblumenöl
300 ml Apfelwein
2 säuerliche Äpfel
einige Oreganozweige
3 Nelken
2 Lorbeerblätter
100 g Schalotten

Für die Kartoffelrösti:
500 g Kartoffeln (fest
    kochende Sorte)
1 Ei
1–2 EL Mehl
Salz, Pfeffer aus der Mühle
Butterschmalz zum
    Ausbacken

Außerdem:
Zimt, frisch gemahlen
1 kleines Stück frischer
    Ingwer, geschält

Zum Garnieren:
Oreganozweige

Zubereitungszeit:
*   ca. 1 ¼ Stunden*

1. Braten mit Salz und Pfeffer würzen und mit Honig bestreichen. Butter zusammen mit Öl erhitzen und Fleisch von allen Seiten darin anbraten. Mit dem Apfelwein ablöschen.

2. Äpfel schälen, in Viertel schneiden und Kerngehäuse entfernen. Äpfel, Oreganozweige, Nelken und Lorbeerblätter zum Fleisch geben und den Braten zugedeckt ca. 30 Minuten schmoren. Schalotten schälen, dazugeben und den Braten weitere 15–20 Minuten schmoren.

3. In der Zwischenzeit für die Rösti Kartoffeln schälen, grob reiben und in einem Küchentuch gut ausdrücken. Kartoffeln mit Ei und Mehl mischen und Kartoffelmasse mit Salz und Pfeffer würzen. In einer Pfanne nacheinander 4 Rösti in Butterschmalz backen und warm stellen.

4. Braten, Schalotten, Nelken, Lorbeerblatt und Oreganozweige aus dem Bratenfond nehmen. Bratenfond zusammen mit den Äpfeln pürieren und mit Salz, Pfeffer, Zimt und frisch geriebenem Ingwer würzen.

5. Braten in Scheiben schneiden, zusammen mit Schalotten, Sauce und Rösti anrichten und mit Oreganozweigen garnieren.

Silvia Lafers Tischdekoration

Dezente Noblesse

Zurückhaltend und schön. Die Tischdecke ist aus goldbronzener Baumwolle natur mit einer Überdecke aus Organza mit eingewebten Blüten- und Blätterranken. Die passenden Servietten zu »Pro & Contra« falten. In einer länglichen Glasschale gewässertes Moos mit Amaryllisblüten und großen Blättern bestecken. Die Blüten mit einem Pinsel, der erst in Eiweiß, dann in Gold-/Silberglitter getaucht wurde, betupfen. Das Menü auf eine Dekantierkaraffe und die Gästenamen auf die Füße der Weingläser gravieren lassen.

Für 6 Personen

50 g Schalotten, in Streifen
 geschnitten
1 Knoblauchzehe, fein
 gehackt
30 g Butter
1 EL Thymianblättchen
½ EL fein gehackter
 Rosmarin
1 EL fein gehackte Petersilie
80 g Allgäuer Bergkäse
200 g Schweinehackfleisch
2 EL frische Weißbrotbrösel
3 Eigelbe
Salz, Pfeffer aus der Mühle
ca. 450 g Blätterteig
20 g Sesam, geröstet
süße Chilisauce zum
 Dippen

*Zubereitungszeit:
 ca. 45 Minuten
Backzeit: ca. 15 Minuten*

Blätterteigröllchen mit Hackfleisch und Käse

1. Schalotten zusammen mit Knoblauch in Butter anbraten. Thymian, Rosmarin und Petersilie dazugeben und anschwitzen.

2. Käse in Würfel schneiden. Hackfleisch mit Schalotten-Kräuter-Mischung, Bröseln, Käsewürfeln und 2 Eigelben verrühren und mit Salz und Pfeffer würzen. Restliches Eigelb mit etwas Wasser verquirlen.

3. Backofen auf 220 °C (Umluft) vorheizen. Blätterteig ca. 3 mm dick ausrollen und mit verquirltem Eigelb bestreichen. Einen Streifen Fleischmasse auf den Rand des Blätterteigs spritzen, Fleisch einmal in Blätterteig einrollen und Teigkanten fest zusammendrücken. Überschüssigen Teig abschneiden. Aus restlichem Teig und restlicher Füllung auf die gleiche Weise weitere Blätterteigrollen herstellen. Rollen mit verquirltem Eigelb bestreichen, mit Sesam bestreuen und schräg in ca. 3 cm lange Stücke schneiden.

4. Röllchen auf ein mit Backpapier belegtes Backblech legen und im vorgeheizten Backofen 10–15 Minuten backen. Röllchen zusammen mit süßer Chilisauce anrichten.

Karotten-Kartoffel-Plätzchen in Kräuterbutter

Für die Plätzchen:
700 g Kartoffeln (mehlig
    kochende Sorte)
300 g Karotten
1 EL fein gewürfelte
    Schalotten
1 EL gehackter Knoblauch
70 g Butter
2 Eigelbe
1 EL Speisestärke
Salz, Pfeffer aus der Mühle
Muskatnuss, frisch gerieben
20 g Butterschmalz

Für die Kräuterbutter:
20 g Butter
je 1 EL gehackte Petersilie,
    geschnittener Schnittlauch
    und Zitronenthymian-
    blättchen
Salz, Pfeffer aus der Mühle

Zubereitungszeit: ca. 1 Stunde

1. Kartoffeln waschen, als Pellkartoffeln kochen. Anschließend schälen und im Topf auf der warmen Herdplatte ausdämpfen lassen. Karotten schälen, in Stücke schneiden, in wenig Wasser gar kochen und abtropfen lassen. Kartoffeln und Karotten durch eine Kartoffelpresse drücken.

2. Schalotten und Knoblauch in 20 g Butter goldbraun braten. Restliche Butter schmelzen und wieder etwas abkühlen lassen. Schalotten und Knoblauch, Eigelbe, Speisestärke und flüssige Butter zu Karotten und Kartoffeln geben. Alles mit Salz, Pfeffer und Muskatnuss würzen und gut mischen.

3. Kartoffel-Karotten-Masse mit einem kleinen Eisportionierer in das heiße Butterschmalz geben. Plätzchen mit einem Löffel etwas flachdrücken und von beiden Seiten braten.

4. Butter und Kräuter zu den Plätzchen geben und mit Salz und Pfeffer würzen. Butter schmelzen lassen und Plätzchen mit der Kräuterbutter beträufeln.

Tafelspitzscheiben in Kartoffelbackteig auf Bratapfelsauce

Für den Tafelspitz:
1 große Zwiebel
1 kleine Petersilienwurzel
1 Karotte
⅛ Knollensellerie
2 Tomaten
1 Knoblauchzehe
½ Stange Lauch
1 kg Tafelspitz
Salz
einige Zweige frischer
　Majoran
einige Lorbeerblätter
½ EL weiße Pfefferkörner
5 Wacholderbeeren

Für den Kartoffelbackteig:
15 g frische Hefe
80 ml lauwarme Milch
80 g Mehl
Salz, Pfeffer aus der Mühle
Muskatnuss, frisch gerieben
120 g Kartoffeln (mehlig
　kochende Sorte)
3 Eigelbe
2 EL frisch geriebener
　Meerrettich
2 EL fein geschnittener
　Schnittlauch
3 Eiweiße

Für die Bratapfelsauce:
4 Äpfel
1 Zimtstange
2 EL ganze Mandeln
40 ml Rum

1. Zwiebel ungeschält halbieren und auf den Schnittflächen in einer trockenen Pfanne rösten. Petersilienwurzel, Karotte und Knollensellerie waschen, schälen und in große Stücke schneiden. Tomaten waschen und vierteln, Knoblauch schälen und in Scheiben schneiden. Lauch putzen, waschen und in Stücke schneiden.

2. Tafelspitz in kochendes Wasser legen und einmal aufkochen lassen. Wasser abschütten und Tafelspitz in einen Topf geben. Vorbereitetes Gemüse dazugeben und so viel kaltes Wasser angießen, dass der Tafelspitz bedeckt ist. Salz, Majoran und Gewürze dazugeben. Tafelspitz bei milder Hitze ca. 2 Stunden leise köcheln lassen, bis das Fleisch weich ist. Dabei die Suppe zwischendurch immer wieder abschäumen. Anschließend das Fleisch herausnehmen, abtropfen und mit einem feuchten Küchentuch bedeckt abkühlen lassen.

3. Kartoffeln waschen und als Pellkartoffeln kochen. Anschließend schälen und im Topf auf der warmen Herdplatte ausdämpfen lassen.

4. Hefe in der lauwarmen Milch auflösen. Mehl darunter rühren und das Ganze mit Salz, Pfeffer und Muskatnuss würzen. Kartoffeln durch eine Kartoffelpresse dazugeben. Eigelbe, Meerrettich und Schnittlauch zufügen.

5. Eiweiße zusammen mit 1 Prise Salz steif schlagen, unter den Teig rühren und diesen zugedeckt an einem warmen Ort ca. 30 Minuten aufgehen lassen.

6. Inzwischen den Backofen auf 250 °C vorheizen. Äpfel waschen, trockentupfen und Kerngehäuse herausstechen. Äpfel zusammen mit Zimt, Mandeln, Rum, Honig, Brühe und Chilischote im vorgeheizten Backofen ca. 30 Minuten garen.

7. Tafelspitz quer zur Faser in ca. 1 cm dicke Scheiben schneiden, in Mehl wenden, durch den Kartoffelteig ziehen und in heißem Butterschmalz goldbraun ausbacken.

2 EL Honig
80 ml Brühe
½ Chilischote, entkernt

Außerdem:
Mehl zum Mehlieren
Butterschmalz zum Aus-
    backen
Blattpetersilie

Zubereitungszeit: ca. 3 Stunden

8. Äpfel zusammen mit der Sauce durch ein feines Passiersieb streichen oder durch eine ›Flotte Lotte‹ drehen. Tafelspitzscheiben aus
dem Butterschmalz nehmen, auf Küchenkrepp abtropfen lassen und
mit Salz würzen.

9. Tafelspitzscheiben auf der Bratapfelsauce anrichten und mit
Blattpetersilie garnieren.

Dazu Petersilienkartoffeln servieren.

Tafelspitzsalat mit Staudensellerie

von Inge Psak, Haslach

250 g gekochter, gepökelter
  Tafelspitz, abgekühlt
3 rote Zwiebeln
250 g Staudensellerie
250 g Tomaten
4 EL Rotweinessig
125 ml Tomatensaft
1 TL Dijonsenf
Salz, Pfeffer aus der Mühle
80 ml Rapsöl

Zum Garnieren:
Staudensellerieblätter

Zubereitungszeit:
  ca. 15 Minuten
Marinierzeit: ca. 15 Minuten

1. Tafelspitz in Scheiben und anschließend in Streifen schneiden. Zwiebeln schälen, halbieren und in feine Scheiben schneiden. Sellerie putzen, waschen und quer in dünne Scheiben schneiden. Tomaten achteln, dabei grünen Stielansatz herausschneiden. Fleisch, Zwiebeln, Staudensellerie und Tomaten mischen.

2. Essig, Tomatensaft und Senf verrühren und mit Salz und Pfeffer würzen. Öl darunter schlagen.

3. Dressing über die Salatzutaten gießen, alles mischen und Salat mindestens 15 Minuten marinieren lassen.

4. Salat mit Staudensellerieblättern garnieren und etwas Pfeffer grob darüber mahlen.

Felix Austria!

Königliche Tischdekoration mit einer Tischdecke aus karminroter Baumwolle. Darüber werden ein weißes Tuch und ein Dekotuch aus Organza mit aufgedruckten großen roten Rosen drapiert. Servietten aus weißer Baumwolle und Organzatuch stecken in Serviettenringen aus Perlen. Kraftvolle Ausstrahlung bringt ein Gesteck aus roten und weißen Rosen, Gerbera, Schleierkraut und Schilfblüten. Kleine mit Kräutern gefüllte Säckchen mit roter Kordel und Namenschild aus Papier fungieren als Tischkarten, das Menü ist mit Rotstift auf Spiegelglas geschrieben und wird von zwei großen weißen Stumpenkerzen beleuchtet.

Rumpsteak mit Apfel-Balsamico-Sauce, Zwiebel-Kartoffel-Püree und Bohnen mit Speck

Für das Zwiebel-Kartoffel-Püree:

200 g Zwiebeln, fein gewürfelt
40 g Butter
50 g Zucker
400 g Kartoffeln (mehlig kochende Sorte), gewürfelt
Salz, Pfeffer aus der Mühle
150 ml Weißwein
200 ml Sahne
Muskatnuss, frisch gerieben
2 EL grob gehackte Petersilie

Für die Rumpsteaks:

4 Rumpsteaks
30 g Butterschmalz
Salz, Pfeffer aus der Mühle
einige Rosmarin- und Thymianzweige
2 Schalotten, ungeschält halbiert
½ ungeschälte Knoblauch-knolle, quer halbiert
80 ml Balsamico bianco
120 ml Bratenfond
1 Apfel, geschält und in feine Streifen geschnitten
20 g kalte Butter

Zum Garnieren:

kleine Rosmarin- und Thymianzweige

Zubereitungszeit: ca. 1 Stunde

1. Für das Püree Zwiebeln in Butter andünsten, Zucker darunter rühren. Kartoffeln dazugeben, mit Salz und Pfeffer würzen. Wein und Sahne angießen und Kartoffeln zugedeckt weich dünsten, dabei mehrmals umrühren. Die Flüssigkeit sollte zum Schluss fast vollständig eingekocht sein.

2. Backofen auf 120 °C vorheizen. Rumpsteaks anbraten. Dazu Steaks ins heiße Butterschmalz legen, sofort wieder hochnehmen und das Fett zusammenlaufen lassen. Rumpsteaks wieder ins Fett legen und anbraten. Nach dem Wenden mit Salz und Pfeffer würzen, Kräuterzweige, Schalotten und Knoblauch dazugeben und mitbraten.

3. Ein großes Stück Alufolie leicht zerknüllen, auf ein Backblech legen und Steaks zusammen mit den Aromaten darauf legen. Steaks im vorgeheizten Backofen ca. 15 Minuten braten.

4. In der Zwischenzeit Essig und Bratenfond in die Pfanne, in der die Steaks gebraten wurden, geben und einkochen lassen. Danach Apfelstreifen unter die Sauce rühren. Butter dazugeben und darin schmelzen lassen.

5. Kartoffel-Zwiebel-Masse durch eine Kartoffelpresse drücken, mit Salz, Pfeffer und Muskatnuss abschmecken. Petersilie darunter heben.

6. Steaks aus dem Ofen nehmen und kurz ruhen lassen. Rumpsteaks quer zur Faser in Scheiben schneiden, zusammen mit Sauce, Püree und Bohnen anrichten und mit kleinen Rosmarin- und Thymianzweigen garnieren.

Für die Bohnen mit Speck:

400 g Stangenbohnen
Salz, Pfeffer aus der Mühle
2 Schalotten, in Streifen
  geschnitten
80 g Speck, in Streifen
  geschnitten
10 g Butterschmalz
20 g Butter
1 EL gezupftes Bohnenkraut

Zubereitungszeit:
  ca. 20 Minuten

1. Bohnen putzen, in Stücke schneiden, in gut gesalzenem Wasser blanchieren. Anschließend in Eiswasser abschrecken und abtropfen lassen.

2. Schalotten und Speck im Butterschmalz anbraten. Bohnen dazugeben, mit Schalotten und Speck mischen und mit Salz und Pfeffer würzen.

3. Butter zu den Bohnen geben, schmelzen lassen und die Bohnen damit glasieren. Bohnenkraut darunter rühren und Gemüse anrichten.

Gourmetpfanne

von Inge Zurlutter, Hasbergen

200 g Spätzle
Salz
3 Zwiebeln
2 Stangen Lauch
200 g Staudensellerie
200 g Champignons
75 g getrocknete Aprikosen,
  ohne Stein
75 g getrocknete Pflaumen,
  ohne Stein
500 g Rinderfilet
40 g Butterschmalz
125 ml Gemüsebrühe
Kräutersalz
Pfeffer aus der Mühle
gekörnte Brühe
1 EL gehackter Knoblauch
3 EL Schmand

Zum Garnieren:
etwas Staudenselleriegrün
einige getrocknete Aprikosen
  und Pflaumen, halbiert

Zubereitungszeit:
* ca. 30 Minuten*

1. Spätzle in reichlich kochendem Salzwasser bissfest kochen. Kochwasser abgießen, Spätzle in kaltem Wasser abschrecken, abtropfen lassen.

2. Zwiebeln schälen und in dünne Streifen schneiden. Lauch, Staudensellerie und Champignons putzen. Lauch längs halbieren und quer in dünne Streifen schneiden. Staudensellerie und Champignons in feine Scheiben, Aprikosen und Pflaumen in Stücke schneiden.

3. Rinderfilet in kleine, dicke Scheiben schneiden und im Wok in Butterschmalz anbraten. Nicht alles auf einmal anbraten, sondern Fleisch nach und nach zugeben. Zwiebeln und Lauch dazugeben und mitbraten.

4. Staudensellerie dazugeben. Brühe angießen und kurz aufkochen. Champignons und Trockenobst zugeben und mitgaren. Das Ganze mit Kräutersalz, Pfeffer und etwas gekörnter Brühe abschmecken. Knoblauch und Schmand darunter rühren. Zum Schluss Spätzle darunter heben.

5. Gourmetpfanne anrichten und mit Staudenselleriegrün und Trockenobst garnieren.

Silvia Lafers Tischdekoration

Mitsommernacht

Den Tisch in Blau eindecken mit passenden Servietten, welche in der Mitte gefasst und durch Serviettenringe gezogen sind. Unvergesslich originell sind die Tischkarten: ein Polaroid des Gastes in einen kleinen Holzrahmen kleben. Die Menüreihenfolge mit blauem Stift auf weißen Karton verfassen und in einen größeren Holzrahmen kleben. Farbe bringt ein Blumenschmuck aus gelben Calla, Schachtelhalmen, Seerosenblättern in einer runden Schüssel. Sechs weiße Kerzen wie beim Kranz der Lucia mit Knetgummi auf dem Schüsselrand befestigen. Teelichter in Kerzenständern mit gelbem Bast umbinden und vor jeden Platz stellen.

Rinderbuletten in Schinkenhülle

Für die Buletten:
1 altbackenes Brötchen, entrindet
100 ml Milch
1 EL Schalottenwürfel
½ EL gehackter Knoblauch
20 g Butter
1 EL gehackte Petersilie
1 Ei
400 g Rinderhackfleisch
Salz, Chili aus der Mühle
16 Scheiben Schwarzwälder Schinken
8 Salbeiblätter
Butterschmalz zum Braten

Für den Salat:
500 g gegrilltes Gemüse (z. B. enthäutete Paprikaschoten, Zucchini)
2 Schalotten, in Streifen geschnitten
1 EL gehackter Knoblauch
50 ml Öl mit Zitrone
20 ml Balsamico bianco
Salz, Pfeffer aus der Mühle

Zum Garnieren:
kleine Rosmarinzweige

Zubereitungszeit: ca. 40 Minuten

1. Brötchen in kleine Würfel schneiden und ohne Fett in einer Pfanne rösten. Milch dazugeben und Brötchen etwas ziehen lassen.

2. Schalotten und Knoblauch in Butter anbraten. Petersilie dazugeben und mitrösten. Schalottenmischung, Ei und Brötchen zum Hackfleisch geben, mit Salz und Chili würzen und alles glatt verrühren.

3. Für 1 Bulette je 2 Schinkenscheiben in eine kleine, gefettete Kuppelform legen. 1 großes Salbeiblatt darauf legen, etwas Hackfleisch hineindrücken, Schinkenscheiben darüber klappen. Bulette aus dem Förmchen stürzen und restliche Buletten auf die gleiche Weise formen. Buletten etwas flach drücken und in heißem Butterschmalz langsam braten.

4. Gemüse mit Schalotten und Knoblauch mischen. Mit Öl und Essig beträufeln und mit Salz und Pfeffer würzen.

5. Buletten zusammen mit Gemüsesalat anrichten und mit kleinen Rosmarinzweigen garnieren.

*Wenn Sie etwas Fleisch
vom Tafelspitz übrig haben,
bereiten Sie doch einmal
daraus diese leckere Sülze.*

Tafelspitzsülze

*Für eine Terrinenform
(1 l Füllmenge)*

Für die Sülze:
je 80 g Lauch, Zucchini,
   Karotte und Knollen-
   sellerie, klein gewürfelt
Salz
350 g gekochter Tafelspitz,
   abgekühlt
500 ml Tafelspitzbrühe
10 Blatt Gelatine, in kaltem
   Wasser eingeweicht
Salz, Pfeffer aus der Mühle
2 EL Balsamico bianco

Außerdem:
150 g gemischte Blattsalate,
   gewaschen
Salz, Pfeffer aus der Mühle
20 ml Balsamico bianco
etwas steirisches Kürbiskernöl
30 g Kürbiskerne, ohne Fett
   geröstet

*Zubereitungszeit:
   ca. 45 Minuten
Kühlzeit: ca. 3 Stunden*

1. Gemüsewürfel in kochendem Salzwasser blanchieren und in Eis-wasser abschrecken. Tafelspitz in dünne Scheiben schneiden.

2. Für das Gelee Tafelspitzbrühe aufkochen und durch ein Sieb pas-sieren. Gelatineblätter ausdrücken und in der heißen Brühe unter Rühren auflösen. Brühe kräftig mit Salz und Pfeffer würzen und mit Balsamico-Essig abschmecken. Gemüse in die Brühe geben.

3. Eine Terrinenform (1 l Füllmenge) mit Klarsichtfolie auslegen. Form in ein Gefäß stellen und rundherum Eiswürfel verteilen, damit die Brü-he mit den Gemüsewürfeln beim Einfüllen sofort zu stocken beginnt. Zuerst etwas Brühe mit Gemüsewürfeln einfüllen, dann einige Tafel-spitzscheiben darauf legen. Diesen Vorgang so lange wiederholen, bis die Terrinenform gefüllt ist. Die Abstände zwischen den Tafelspitz-scheiben sollen nicht sehr groß sein. Terrinenform mit einem Deckel verschließen und die Sülze für 3–4 Stunden in den Kühlschrank stellen.

4. Blattsalate mit Salz und Pfeffer würzen, mit Balsamico-Essig mi-schen und auf Tellern anrichten. Sülze aus der Form heben, in Schei-ben schneiden und auf dem Salat anrichten. Mit etwas Kürbiskernöl beträufeln und die gerösteten Kürbiskerne darüber geben.

Rinderrouladen mit Frühlingszwiebeln gefüllt und Rahmspätzle

Für die Rinderrouladen:

4 Rouladen (aus der Rinder-
  oberschale, à ca. 160 g)
Salz, Pfeffer aus der Mühle
3 EL Tomatenmark mit
  Gemüse
1 EL scharfer Senf
2 EL Thymianblättchen
4 Frühlingszwiebeln
4 dünne Scheiben
  Frühstücksspeck
40 g Butterschmalz
2 rote Zwiebeln, fein gewürfelt
120 ml Rotwein
120 ml schwarzer
  Johannisbeersaft
150 ml Brühe
100 g Speck, in Streifen geschnitten
200 g Champignons, ohne
  Stiele, in Viertel oder
  Achtel geschnitten

Zum Garnieren:
Blattpetersilie

*Zubereitungszeit:
  ca. 1 ¼ Stunden*

1. Backofen auf 180 °C vorheizen. Rouladen zwischen Klarsichtfolie plattieren und mit Salz und Pfeffer würzen. Tomatenmark,
Senf und Thymianblättchen verrühren und dünn auf die Rouladen streichen.

2. Frühlingszwiebeln putzen und auf ca. 20 cm Länge kürzen. Ab-
schnitte in breite Streifen schneiden. Jede Frühlingszwiebel mit
1 Scheibe Speck umwickeln, je 1 Zwiebel auf 1 Roulade legen und
diese fest zusammenrollen. Rouladen mit Schaschlikspießen
zusammenstecken.

3. Rouladen mit Salz und Pfeffer würzen und von allen Seiten in
30 g Butterschmalz gut anbraten. Frühlingszwiebelringe und
Zwiebelwürfel dazugeben und mitbraten. Mit dem Rotwein ablöschen, Johannisbeersaft und Brühe angießen. Rouladen abgedeckt
im vorgeheizten Backofen ca. 45 Minuten schmoren.

4. Rouladen aus der Sauce nehmen und warm stellen. Sauce durch
ein Sieb passieren und einkochen lassen.

5. In der Zwischenzeit Speckstreifen im restlichen Butterschmalz
kross anbraten. Champignons dazugeben und etwas mitbraten lassen. Speck und Champignons in die Sauce geben und sie mit Salz
und Pfeffer würzen.

6. Rouladen zusammen mit den Spätzle und der Sauce anrichten
und mit Blattpetersilie garnieren.

Für die Rahmspätzle:

400 g Mehl

5 Eier

Salz, Pfeffer aus der Mühle

Muskatnuss, frisch gemahlen

300 g saure Sahne

50 g Schalotten

1 EL gehackter Knoblauch

20 g Butter

80 ml Brühe

2 EL grob geschnittene
   Petersilie

Zubereitungszeit:
   ca. 45 Minuten

1. Mehl, Eier, Salz, Pfeffer, Muskatnuss und 200 g saure Sahne zu einem glatten Spätzleteig verrühren.

2. Teig portionsweise mit einer Spätzlepresse in kochendes Salzwasser drücken. Einmal kurz aufkochen lassen, mit einer Schaumkelle herausnehmen, in kaltem Wasser abschrecken und abtropfen lassen.

3. Schalotten schälen und in feine Streifen schneiden und zusammen mit Knoblauch in Butter andünsten, Brühe angießen und einkochen lassen. Spätzle dazugeben, restliche saure Sahne und Petersilie darunter rühren, alles noch einmal leicht erwärmen und mit Salz und Pfeffer würzen.

Schwarzwaldrouladen

von Elisabeth Stemberger-Eisenführer, Rosenheim

4 Rinderrouladen
  (à ca. 180 g)
40 ml Schwarzwälder
  Kirschwasser
16 hauchdünne Scheiben
  Schwarzwälder Schinken
2 Zwiebeln, fein gewürfelt
200 g Pfifferlinge, klein
  geschnitten (aus dem Glas
  oder frische Pilze, in Butter
  gedünstet)
Salz, Pfeffer aus der Mühle
20 g Butterschmalz
½ Zwiebel, gewürfelt
2 Karotten, in Stücke
  geschnitten
¼ Knollensellerie, gewürfelt
ca. 300 ml Fleischbrühe
200 ml Sahne
2–3 EL Schwarzwälder
  Kirschlikör

Zubereitungszeit:
  ca. 1 ½ Stunden

1. Rouladen mit Küchenkrepp trockentupfen und mit Kirschwasser einpinseln. Mit Schinkenscheiben belegen. Zwiebelwürfel und Pfifferlinge darauf verteilen. Rouladen zusammenrollen, mit Rouladennadeln zusammenstecken und mit Salz und Pfeffer würzen.

2. Rouladen im heißen Butterschmalz von allen Seiten anbraten und wieder aus dem Topf nehmen. Gemüse im Bratfett anbraten, Rouladen darauf legen und Fleischbrühe angießen. Rouladen zugedeckt ca. 1 Stunde schmoren (oder im Dampfdrucktopf ca. 20 Minuten garen).

3. Rouladen aus der Sauce nehmen und Sauce mit einem Stabmixer fein pürieren. Sauce mit Sahne und Kirschlikör verrühren.

Dazu passen selbst gemachte Spätzle und Preiselbeeren.

Eine runde Sache

Für den geselligen Abend mit den Freunden eine Tischdecke im Knitter-Look aus Satin in hellbeige mit breitem schwarzen Band aufdecken, das Besteck in passende Servietten wie eine Roulade einrollen. Die Namen der Gäste auf Büttenpapier schreiben und in kleine Blumensträuße aus Anemonen, Gänseblümchen und Schneebällchen stecken und vor jeden Teller stellen. Schwarze Kieselsteine und Farn auf dem Tisch verteilen, weiße Kerzen dazustellen.

Feinsaures Rindergulasch mit Spinatknöpfli

Für das Rindergulasch:
1 kg Rindfleisch (Hüfte)
80 ml Weinessig
250 ml Weißwein
400 ml Brühe
6 Knoblauchzehen, fein
  gehackt
Kümmel aus der Mühle
abgeriebene Schale von
  ½ Zitrone (unbehandelt)
½ EL Majoranblättchen
1 Lorbeerblatt
2 EL Tomatenmark
Salz, Pfeffer aus der Mühle
1 kg Zwiebeln
50 g Butterschmalz
30 g Paprikapulver, edelsüß

Für die Spinatknöpfli:
100 g Blattspinat
Salz, Pfeffer aus der Mühle
100 ml Brühe
3 Eier
1 Eigelb
300 g Mehl
Muskatnuss, frisch gerieben
30 g Butterschmalz

Außerdem:
je 80 g Sellerie, Karotten
  und Lauch
30 g Butter
100 g Crème fraîche
1 EL gehackte Petersilie
1 EL Petersilienblätter

Zubereitungszeit: ca. 2 Stunden
Marinierzeit: ca. 12 Stunden

1. Fleisch bereits am Vortag von Sehnen und Häuten befreien und in ca. 3 cm große Würfel schneiden. Essig, Wein und Brühe einmal aufkochen. Knoblauch, Kümmel, Zitronenschale, Majoran, Lorbeerblatt, Tomatenmark, Salz und Pfeffer dazugeben. Marinade abkühlen lassen, über das Fleisch gießen und es bis zum nächsten Tag im Kühlschrank marinieren.

2. Fleisch aus der Marinade nehmen und gut abtropfen lassen. Zwiebeln schälen, würfeln und im Butterschmalz goldbraun rösten. Fleisch dazugeben und anbraten. Paprikapulver dazugeben, kurz mitrösten und Marinade angießen. Gulasch abgedeckt ca. 1 ½ Stunden bei geringer Hitze schmoren.

3. In der Zwischenzeit Blattspinat putzen, waschen und in reichlich kochendem Salzwasser blanchieren. Spinat in kaltem Wasser abschrecken, ausdrücken und grob hacken. Zusammen mit der Brühe fein pürieren.

4. Eier, Eigelb, Mehl, Salz, Pfeffer, Muskatnuss und Spinatmasse zu einem glatten Teig verarbeiten und ihn mit einem Kochlöffel schlagen, bis er Blasen wirft.

5. Teig portionsweise durch eine Knöpflireibe in reichlich kochendes Salzwasser drücken. Wenn sie an die Wasseroberfläche kommen, Knöpfli herausnehmen, in kaltem Wasser abschrecken und abtropfen lassen. Knöpfli in heißem Butterschmalz anbraten und mit Salz, Pfeffer und Muskatnuss würzen.

6. Sellerie, Karotten und Lauch putzen, schälen und in sehr feine Streifen schneiden. Gemüsestreifen in Butter andünsten und mit Salz und Pfeffer würzen.

7. Fleisch aus der Sauce nehmen und Sauce zusammen mit Crème fraîche aufmixen, Fleisch wieder dazugeben. Gemüsestreifen und gehackte Petersilie zum Gulasch geben. Petersilienblätter unter die Knöpfli mischen. Gulasch zusammen mit Spinatknöpfli anrichten.

Fleischtopf auf klassische Art

von Stefanie Kellermeier-Wittlinger, Saulheim

1 kg Rindfleisch (aus dem
  Kamm oder aus der Keule)
60 ml Rapsöl
2 Knoblauchzehen, fein
  gehackt
1 Schalotte, gewürfelt
Mehl zum Bestäuben
1 EL fein gehackter Salbei
1 EL fein gehackter
  Rosmarin
6 Tomaten (aus der Dose
  oder frische Tomaten, enthäutet)
Salz, Pfeffer aus der Mühle
250 ml kräftiger, trockener
  Rotwein
250 ml Fleischbrühe

Zubereitungszeit:
  ca. 2 ¼ Stunden

1. Fleisch von Sehnen und Häuten befreien, in ca. 2 ½ cm große Würfel schneiden und im Rapsöl kräftig anbraten. Knoblauch und Schalotte dazugeben und kurz mitbraten.

2. Etwas Mehl darüber stäuben und anrösten. Kräuter und Tomaten dazugeben und einige Minuten zusammen mit dem Fleisch schmoren. Alles mit Salz und Pfeffer würzen.

3. Wein und Brühe angießen, Topf schließen und das Fleisch ca. 1 ¾ Stunden bei geringer Hitze schmoren. Falls nötig, etwas Brühe nachgießen.

4. Fleischtopf vor dem Anrichten eventuell nochmals mit Salz würzen.

Dazu passen Nudeln, die zusammen mit Petersilie und klein gewürfelten, getrockneten Tomaten in Butter geschwenkt und mit Salz und Pfeffer gewürzt werden.

Silvia Lafers Tischdekoration

Klassik mit Pfiff

Nobel und unvergänglich: Den Tisch schmückt eine gelbe Baumwolldecke mit Überdecke aus weißem Organza mit eingenähten Baumwollquadraten. Die Servietten aus Baumwolle und Organza zum Dreieck falten, rechte und linke Spitze noch oben klappen und unten in einen Serviettenring aus Kunstperlen stecken. An jeden Platz ein kleines und in der Mitte des Tisches ein großes Gesteck aus Schachtelhalmen, Mumies, Kängurupfoten in gelbem Tontopf stellen. Auf je einen Tontopf das Menü und die Namen der Gäste schreiben.

Roastbeeföllchen mit Radieschenblätterpesto

Für das Radieschenblätter-
pesto:
100 g Radieschenblätter
2 Knoblauchzehen, grob
  gehackt
15 g Pinienkerne, geröstet
100 ml Olivenöl

Für die Roastbeeföllchen:
2 EL Schalottenwürfel
½ EL gehackter Knoblauch
40 g Butter
1 EL Senf
1 EL Tomatenmark mit
  Basilikum
8 Scheiben vom Roastbeef-
  stück (à ca. 50 g)
Salz, Pfeffer aus der Mühle
8 Scheiben Schwarzwälder
  Schinken
2 EL fein geschnittener
  Schnittlauch
Butterschmalz zum Braten
einige Zitronenthymian-
  zweige
einige Rosmarinzweige

Zum Anrichten:
100 g bunte Blattsalate nach
  Saison, geputzt
20 ml Distelöl
10 ml Balsamico bianco
Salz, Pfeffer aus der Mühle

Zubereitungszeit:
ca. 40 Minuten

1. Radieschenblätter putzen, waschen, trockenschleudern und in Streifen schneiden. Radieschenblätter, Knoblauch, Pinienkerne und Olivenöl mixen, bis eine homogene Masse entstanden ist.

2. Schalottenwürfel und Knoblauch in der Hälfte der Butter gold-braun braten. Senf und Tomatenmark dazugeben.

3. Roastbeefscheiben plattieren und mit Salz und Pfeffer würzen. Mit Schinkenscheiben belegen, mit der Würzsauce bestreichen und mit Schnittlauch bestreuen. Fleischscheiben zusammenrollen und mit kleinen Holzspießen zusammenstecken. Röllchen mit Salz würzen.

4. Röllchen in Butterschmalz langsam von allen Seiten braten. Zitronenthymian- und Rosmarinzweige dazugeben und mitbraten. Restliche Butter dazugeben und Röllchen fertig braten.

5. Blattsalat auf Tellern anrichten, mit Distelöl und Essig beträu-feln und würzen. Röllchen zusammen mit den Kräuterzweigen und Pesto darauf anrichten.

8 Scheiben Frühstücksspeck
4 Semmelknödel oder 4 Portionen Serviettenknödel
20 g Butterschmalz
2 rote Zwiebeln, in Streifen geschnitten
60 ml Balsamico bianco
1 Prise Zucker
Salz, Pfeffer aus der Mühle
80 ml Olivenöl
200 g Rucola
20 g Butter
2 Knoblauchzehen, fein gehackt
2 Tomaten, enthäutet, entkernt und in Spalten geschnitten

Zum Garnieren:
einige Basilikumblätter

*Zubereitungszeit:
ca. 30 Minuten*

Salat von Semmelknödeln mit Rucola in Tomatenvinaigrette

1. Semmel- oder Serviettenknödel in ca. 1 ½ cm dicke Scheiben schneiden und im Butterschmalz anbraten. Zwiebelstreifen dazugeben und mitbraten.

2. Frühstücksspeck kross braten.

3. In der Zwischenzeit Essig, Zucker, Salz und Pfeffer verrühren. Öl langsam unter Rühren einlaufen lassen. Rucola putzen, waschen und trockenschleudern. Rucola auf Tellern anrichten und mit etwas Vinaigrette beträufeln.

4. Butter und Knoblauch zu den Semmelknödeln geben und Butter schmelzen lassen.

5. Semmelknödelscheiben zusammen mit den Zwiebelstreifen auf dem Rucolasalat anrichten. Tomatenspalten und restliche Vinaigrette mischen und über die Semmelknödel geben. Frühstücksspeck darauf legen und Salat mit Basilikum garnieren.

Kalbsrücken unter der Zwiebelkruste mit weißer Tomatenschaumsauce

Für den klaren Tomatensaft:
500 g vollreife Tomaten
150 ml Kalbsfond
Salz, weißer Pfeffer

Für den Kalbsrücken:
1 kg Kalbsrücken mit
  Knochen, küchenfertig
60 g Butterschmalz
Salz, Pfeffer aus der Mühle
einige Rosmarinzweige
einige Thymianzweige
½ ungeschälte Knoblauch-
  knolle (quer halbiert)
250 g Schalotten
20 g Knoblauch, gehackt
80 ml Weißwein
150 ml Sahne
30 g Kartoffelpüreeflocken
3 Frühlingszwiebeln
1 Eiweiß
2 Eigelbe
Chili aus der Mühle

Für die Sauce:
2 Tomaten
2 Schalotten, klein gewürfelt
2 Knoblauchzehen, gehackt
2 EL Rapsöl
150 ml Sahne
50 g kalte Butter, in Würfeln
2 EL geschlagene Sahne
Salz, weißer Pfeffer
2 EL fein geschnittener
  Schnittlauch

1. Tomaten am Vortag waschen, vierteln, zusammen mit Kalbs-fond, Salz und Pfeffer fein pürieren. Ein Sieb mit einem Passier-tuch auslegen. Tomatenpüree hineingießen und den klaren Tomatensaft über Nacht abtropfen lassen. (Püree nicht durch das Tuch drücken, sonst wird der Saft durch Farbstoffe trüb.)

2. Backofen auf 150 °C vorheizen. Kalbsrücken von allen Seiten in 30 g heißem Butterschmalz anbraten, mit Salz und Pfeffer wür-zen, Kräuter und Knoblauchknolle dazulegen und kurz mitbraten. Ein Stück Alufolie leicht zerknüllen und auf ein Backblech legen. Fleisch, Kräuter und Knoblauch darauf legen.

3. Schalotten schälen und in feine Ringe schneiden, zusammen mit gehacktem Knoblauch im restlichen Butterschmalz kurz an-braten. Weißwein und Sahne angießen und sämig einkochen las-sen. Kartoffelpüreeflocken dazugeben, Masse kurz rösten und anschließend etwas abkühlen lassen.

4. Frühlingszwiebeln putzen und in feine Ringe schneiden. Eiweiß zusammen mit 1 Prise Salz steif schlagen und unter die Kartoffel-masse heben. Eigelbe und Frühlingszwiebeln darunter rühren. Masse mit Salz, Pfeffer und Chili würzen und gleichmäßig auf dem Kalbsrücken verteilen. Kalbsrücken im vorgeheizten Backofen ca. 30 Minuten garen.

5. In der Zwischenzeit für die Sauce Tomaten am runden Ende über Kreuz leicht einritzen, kurz in kochendes Wasser geben, in kaltem Wasser abschrecken, enthäuten, entkernen und in Spalten schneiden. Schalottenwürfel und Knoblauch in heißem Rapsöl glasig dünsten. Abgetropften, klaren Tomatensaft und Sahne angießen. Sauce etwas einkochen lassen und mit Salz würzen.

6. Kartoffeln schälen. Je 1 Kartoffel zusammen mit 2 Basilikum-blättern in 1 Scheibe Schinken wickeln. Kartoffeln langsam in Butterschmalz von allen Seiten braten.

Außerdem:
8 kleine Kartoffeln, als
   Pellkartoffeln gekocht
16 Basilikumblätter
8 Scheiben Schwarzwälder
   Schinken
Butterschmalz zum Braten

Zubereitungszeit:
  ca. 1 ¼ Stunden
Zeit zum Abtropfen:
  ca. 12 Stunden

7. Mit einem Stabmixer kalte Butterwürfel unter die Sauce mixen. Geschlagene Sahne dazugeben, mit Salz und Pfeffer würzen. Tomaten und Schnittlauch unter die Sauce heben.

8. Kalbsrücken aus dem Ofen nehmen, kurz ruhen lassen, in Scheiben schneiden und zusammen mit der Sauce und den Kartoffeln auf Tellern anrichten.

Tipp:
Sollte die Kruste nicht braun genug werden, kann der Braten zum Schluss unter dem Grill kurz überbacken werden.

Kalbsrücken mit Käsekruste

von Brigitte Weber, Sulzfeld

Für 6 Personen

150 ml Milch
100 g Allgäuer Emmentaler,
   gerieben
3 Eigelbe
150 ml Sahne
1 kg Kalbsrücken ohne
   Knochen, küchenfertig
30 g Butterschmalz
Salz, Pfeffer aus der Mühle
1 Bund Suppengemüse, in
   Stücke geschnitten
ca. 250 ml Weißwein
500 g Champignons
250 g Zwiebeln
20 g Butter
etwas Streuwürze
1 EL gehackte Petersilie
Butterschmalz zum
   Ausfetten

Zubereitungszeit:
   ca. 1 ½ Stunden

1. Milch erhitzen und Käse darin unter Rühren schmelzen lassen. Eigelbe zusammen mit 4 Esslöffeln Sahne verquirlen, Käsemilch darunter rühren und Sauce abkühlen lassen.

2. Backofen auf 220 °C vorheizen. Fleisch von überflüssigem Fett befreien, im heißen Butterschmalz anbraten und mit Salz und Pfeffer würzen. Gemüse zum Fleisch legen, etwas Weißwein angießen. Kalbsrücken im vorgeheizten Backofen ca. 30 Minuten braten, dabei Gemüse mehrmals mit etwas Weißwein begießen, damit es nicht anbrät.

3. In der Zwischenzeit Champignons putzen und in Scheiben schneiden. Zwiebeln schälen und in Würfel schneiden. Champignons und Zwiebeln in der Butter weich dünsten, anschließend in einem Passiertuch gut ausdrücken.

4. Restliche Sahne zu den Pilzen geben und bei geringer Hitze einkochen lassen, bis sie cremig ist. Pilze mit Salz, Pfeffer und etwas Streuwürze würzen. Petersilie darunter rühren.

5. Fleisch aus dem Ofen nehmen. Hälfte der Pilze in eine gefettete Auflaufform geben, Fleisch auf die Pilze legen und mit den restlichen Pilzen bedecken. Käsecreme darauf geben und Kalbsrücken bei 200 °C in 15–20 Minuten goldgelb überbacken.

Silvia Lafers Tischdekoration

Sommergarten

Mit dieser Deko holen Sie sich und Ihren Gästen den Sommer ins Haus. Die Tischdecke ist aus hellgelbem Mikromodal mit eingewebten Rechtecken – dazu passende Servietten. Für den Blumenschmuck werden Girlanden aus bunten Sommerblumen gebunden, wir empfehlen z.B. Mumies, Astern, Bartnelken, Kornblumen und Wicken. Die kurzen Girlanden werden um je einen Teller gelegt. Eine tolle Idee ist, den Namen des Gastes mit blauem Faden auf die Serviette sticken zu lassen. Ebenso wird die Menükarte auf eine Serviette gestickt und auf dem Tisch drapiert.

Kalbsschnitzel mit Gemüserahmsauce und Kartoffel-Speck-Blinis

Für die Kartoffel-Speck-Blinis:

200 g Kartoffeln (mehlig kochende Sorte)
15 g frische Hefe
100 ml lauwarme Milch
120 g Mehl
3 Eigelbe
Salz, Pfeffer aus der Mühle
Muskatnuss, frisch gerieben
120 g Frühstücksspeck
2 Eiweiße
Rapsöl zum Braten

Für die Kalbsschnitzel mit Gemüserahmsauce:

1 Kohlrabi
2 Karotten
130 g Brokkoliröschen
4 Kalbsschnitzel (aus der Oberschale, à ca. 160 g)
20 g Rapsöl
Salz, Pfeffer aus der Mühle
½ Schalotte, gewürfelt
1 EL gehackter Knoblauch
30 ml Balsamico bianco
70 ml Weißwein
200 ml Sahne
1 EL gehackte Petersilie
2 EL geschlagene Sahne

Zubereitungszeit:
  ca. 1 ½ Stunden
Zeit zum Gehen:
  ca. 30 Minuten

1. Kartoffeln waschen, als Pellkartoffeln garen. Anschließend noch warm schälen, im Topf auf der warmen Herdplatte ausdämpfen lassen und durch eine Kartoffelpresse drücken.

2. Hefe in Milch auflösen und mit dem Mehl verrühren. Kartoffeln zusammen mit Eigelben zu der Masse geben, mit Salz, Pfeffer und Muskat würzen und alles gut mischen. Teig abgedeckt ca. 30 Minuten gehen lassen.

3. In der Zwischenzeit Kohlrabi und Karotten schälen. Kohlrabi in Streifen, Karotten schräg in Scheiben schneiden. Karotten, Kohlrabi und Brokkoliröschen nacheinander in reichlich Salzwasser geben und bissfest garen. Gemüse in kaltem Wasser abschrecken und abtropfen lassen.

4. Schnitzel zwischen Klarsichtfolie platieren, in heißem Rapsöl von beiden Seiten kurz anbraten, mit Salz und Pfeffer würzen und aus der Pfanne nehmen.

5. Schalotten und Knoblauch in der gleichen Pfanne ohne Farbe anbraten, mit Balsamico und Weißwein ablöschen. Sahne angießen und Sauce bei nicht zu starker Hitze einkochen lassen, bis sie eine cremige Konsistenz hat.

6. Frühstücksspeck in kleine Würfel schneiden, kross braten und zum Teig geben. Eiweiße steif schlagen und vorsichtig unter den Teig heben. Aus dem Teig kleine Blinis in Rapsöl ausbacken.

7. Schnitzel in die Sauce geben und darin gar ziehen lassen. Gemüse in die Rahmsauce geben. Alles mit Salz und Pfeffer würzen. Petersilie und geschlagene Sahne unter die Sauce heben.

8. Blinis auf Küchenkrepp abtropfen lassen und zusammen mit den Kalbsschnitzeln anrichten.

Gratinierte Kalbsschnitzel

von Claudia Köpf-Schwind, Eberstadt

750 g Kartoffeln (fest
 kochende Sorte)
4 Kalbsschnitzel (à ca. 150 g)
1 EL Butterschmalz
Salz, Pfeffer aus der Mühle
1 Bund Schnittlauch
1 Bund Blattpetersilie
1–2 EL flüssige Butter
½ EL gehackter Knoblauch
500 g Crème fraîche
Muskatnuss, frisch gerieben
250 g Allgäuer Emmentaler,
 gerieben
50 g Butter

Zubereitungszeit:
 ca. 45 Minuten
Zeit zum Überbacken:
 ca. 30 Minuten

1. Kartoffeln am besten am Vortag als Pellkartoffeln kochen. Anschließend schälen, leicht abkühlen lassen und in Scheiben schneiden.

2. Backofen auf 180 °C vorheizen. Schnitzel plattieren, in Butterschmalz von beiden Seiten leicht anbraten, mit Salz und Pfeffer würzen und aus der Pfanne nehmen. Kräuter waschen, trockenschleudern und fein hacken.

3. Flüssige Butter, Knoblauch und 1 Prise Salz mischen und eine Auflaufform damit ausstreichen. Kartoffeln darin verteilen und mit Salz und Pfeffer würzen. Kalbsschnitzel auf die Kartoffeln legen und Kräuter darüber streuen.

4. Crème fraîche glatt rühren, mit Salz, Pfeffer und Muskatnuss würzen und mit dem Emmentaler mischen.

5. Käsemasse gleichmäßig auf Kartoffeln und Schnitzeln verteilen. Butter in kleine Würfel schneiden und darauf legen. Schnitzel im Backofen bei 200 °C ca. 30 Minuten überbacken.

Dazu passt ein grüner Blattsalat mit Obstessig-Vinaigrette.

Silvia Lafers
Tischdekoration

Kontrastprogramm

Weiße Baumwolle mit Modal, darauf zwei schwarze Tischläufer – gerafft in S-Form – quer über den Tisch legen und mit einigen Margeritenblüten bestreuen. Die schwarzen Servietten ganz schmal rollen, durch Serviettenringe ziehen und diagonal auf dem Platzteller drapieren. Sanfte Stimmung bringt eine große, mit Wasser gefüllte Glasschale, in die Schwimmkerzen und Margeritenblüten hineingesetzt werden. Anstelle der Tischkarten die Namen der Gäste mit schwarzem Stift auf kleine weiße Luftballons schreiben und mit je einer weißen und schwarzen Feder an den Serviettenring binden. Das Menü ebenso auf einen größeren Luftballon binden und an einem Serviettenring am Tischläufer befestigen.

Kartoffel-Zucchini-Gratin

400 g rohe Kartoffeln (fest kochende Sorte)
400 g grüne Zucchini
Butter zum Ausfetten
½ EL gehackter Knoblauch
250 ml Sahne
250 ml Milch
Salz, Pfeffer aus der Mühle
Muskatnuss, frisch gerieben
100 g rote Paprikaschote
1 EL Zitronenthymian-
	blättchen
3 EL geriebener Allgäuer
	Bergkäse

Zubereitungszeit:
	ca. 20 Minuten
Gratinierzeit:
	ca. 30 Minuten

1. Backofen auf 190 °C vorheizen. Kartoffeln schälen und in dünne Scheiben schneiden. Zucchini waschen und in etwas dickere Scheiben schneiden. Kartoffel- und Zucchinischeiben abwechselnd in eine gefettete Auflaufform legen. Knoblauch darüber streuen.

2. Sahne zusammen mit der Milch etwas einkochen lassen, mit Salz, Pfeffer und Muskatnuss würzen und über die Kartoffel- und Zucchinischeiben gießen. Die Form sollte etwa zur Hälfte gefüllt sein.

3. Paprikaschote mit dem Sparschäler schälen und in kleine Würfel schneiden. Zitronenthymianblättchen, Paprikawürfel und Käse über Kartoffeln und Zucchini streuen. Gratin im vorgeheizten Ofen ca. 30 Minuten überbacken.

Johann Lafers Küchentipp

In der Panade bleibt das Schnitzel zart, wie bei dieser knusprig-knackigen Variante.

Für den Kartoffelsalat:

1 kg Kartoffeln (fest kochende Sorte)
2 EL Schalottenwürfel
1 EL gehackter Knoblauch
80 g Speck, klein gewürfelt
1 EL Butterschmalz
Salz, Pfeffer aus der Mühle
1 EL scharfer Senf
50 ml Brühe
50 ml Balsamico bianco
1 EL fein gehackte Petersilie
40 ml Rapsöl

Für die Schnitzel:

8 Kalbsschnitzel (à 80 g)
Salz, Pfeffer aus der Mühle
1 Ei
2 EL geschlagene Sahne
50 g frische Weißbrotbrösel
50 g Kürbiskerne, gehackt
   und geröstet
Mehl zum Mehlieren
Butterschmalz zum
   Ausbacken

Zum Garnieren:

etwas Blattpetersilie

*Zubereitungszeit:
   ca. 50 Minuten*

Kalbsschnitzel in Kürbiskern-panade mit Kartoffelsalat

1. Kartoffeln als Pellkartoffeln kochen, noch warm schälen und in dünne Scheiben schneiden.

2. Schalotten, Knoblauch und Speck im Butterschmalz kross anbraten und mit Salz und Pfeffer würzen. Senf, Brühe und Essig dazugeben, das Ganze einmal aufkochen lassen und über die Kartoffeln geben. Petersilie und Rapsöl dazugeben, Salat mit Salz würzen und mischen.

3. Kalbsschnitzel mit Klarsichtfolie abdecken und plattieren. Schnitzel mit Salz und Pfeffer würzen.

4. Ei und Sahne verquirlen. Weißbrotbrösel und Kürbiskerne mischen. Schnitzel zuerst in Mehl wenden, überschüssiges Mehl abklopfen. Dann Schnitzel in Eiersahne und Kürbiskern-Brösel-Mischung wenden und Panade andrücken. Schnitzel im Butterschmalz goldbraun ausbacken, herausnehmen und auf Küchenkrepp abtropfen lassen.

5. Schnitzel zusammen mit Kartoffelsalat anrichten und mit etwas Blattpetersilie garnieren.

Geschmorte Lammkeule mit Knoblauchrahmsauce und Rosmarinbrot

Für das Rosmarinbrot:
20 g frische Hefe
150 ml lauwarmes Wasser
1 Prise Zucker
300 g Mehl
10 g Salz
etwas Rapsöl
Mehl für die Arbeitsfläche
1 EL Rosmarinnadeln,
  gehackt

Für die Lammkeule:
1 Lammkeule (ca. 1,2 kg)
30 ml Rapsöl oder 30 g
  Butterschmalz
Salz, Pfeffer aus der Mühle
Knoblauchzehen von
  1 Knolle
3 Rosmarinzweige
2 Lorbeerblätter, zerdrückt
1 TL Pfefferkörner
300 ml Brühe
300 ml Weißwein
6 Speckscheiben
150 ml Sahne
evtl. etwas Speisestärke, in
  kaltem Wasser angerührt

Zum Garnieren:
kleine Rosmarinzweige

Zubereitungszeit:
  ca. 2 ½ Stunden
Backzeit: ca. 25 Minuten

1. Hefe und Zucker im lauwarmen Wasser auflösen. Mehl und Salz mischen. Hefeansatz dazugeben und alles zu einem glatten Teig verkneten. Teig abdecken und etwas aufgehen lassen. Eine kleine runde Tarteform (24 cm Durchmesser) mit Rapsöl ausfetten.

2. Teig auf einer bemehlten Arbeitsfläche mit den Händen zu einem Fladen drücken, in die Form legen und hineindrücken. Oberfläche mit einer Gabel mehrmals einstechen, mit reichlich Rapsöl beträufeln und Rosmarin darauf streuen. Teig abdecken und an einem warmen Ort gehen lassen. Inzwischen Backofen auf 220 °C vorheizen.

3. Brot im vorgeheizten Backofen ca. 25 Minuten backen. Anschließend herausnehmen und in Stücke schneiden.

4. Backofen auf 150 °C vorheizen. Lammkeule von Fett und Sehnen befreien. Rapsöl oder Butterschmalz in einem Bräter erhitzen und Keule darin von allen Seiten gut anbraten. Dabei mit Salz und Pfeffer würzen und Knoblauchzehen ungeschält dazugeben.

5. Rosmarin, Lorbeerblätter und Pfefferkörner zur Keule geben und mit Brühe und Weißwein ablöschen. Lammkeule im vorgeheizten Backofen ca. 45 Minuten offen schmoren lassen. Keule mit der Bratflüssigkeit begießen, Speckscheiben darauf legen und das Fleisch ca. weitere 30 Minuten garen.

6. Keule aus dem Bräter nehmen, mit Alufolie abdecken und ruhen lassen. Entstandene Sauce durch ein Sieb passieren und Knoblauchzehen gut durch das Sieb drücken. Sahne zu der Sauce geben, etwas einkochen lassen und eventuell mit etwas Speisestärke binden. Sauce mit Salz und Pfeffer würzen und mit dem Stabmixer aufmixen.

7. Lammkeule in Scheiben schneiden, zusammen mit der Knoblauchsauce und dem Rosmarinbrot anrichten und mit Rosmarinzweigen garnieren.

Tipp:
Bei der angegebenen Garzeit wird das Fleisch rosa gebraten. Mögen sie es lieber durchgebraten, braten Sie die Keule ohne Speckscheiben statt 45 Minuten 1 ½ Stunden.

Lamm arabisch

von Hildegard Goller, Pfarrkirchen

Für die Marinade:
4 EL Rapsöl
1 EL Zimtpulver
1 TL Nelkenpulver
1 EL schwarzer Pfeffer, grob
  gehackt oder im Mörser
  zerstoßen
1 Msp. frisch geriebene
  Muskatnuss
Salz
1 Prise Safranfäden

Außerdem:
1 kg Lammkeule
2 mittelgroße Zwiebeln
Salz
3–5 EL heller, zarter
  Blütenhonig
100 g Sultaninen

Zum Bestreuen:
3 EL Mandelblättchen
1 EL Rapsöl

Zubereitungszeit:
  ca. 1 ½ Stunden
Marinierzeit: ca. 12 Stunden

1. Rapsöl und Gewürze verrühren. Lammkeule von Sehnen und Häutchen befreien, jedoch etwas vom Fett daran lassen. Fleisch rundherum mit Marinade bepinseln. Keule in eine Schüssel legen, abdecken und im Kühlschrank über Nacht marinieren lassen.

2. Am nächsten Tag Backofen auf 230 °C vorheizen. Zwiebeln schälen und in Würfel schneiden. Keule salzen, zusammen mit den Zwiebeln in einen Bräter legen, in den vorgeheizten Ofen schieben und 30 Minuten braten.

3. Inzwischen Honig leicht erwärmen. Sultaninen mit heißem Wasser kurz übergießen, wieder abtropfen lassen.

4. Sultaninen zum Fleisch geben und mit dem Honig beträufeln. Gartemperatur auf 175 °C senken, Keule wieder in den Ofen schieben und ca. weitere 30 Minuten braten. Bei Bedarf etwas Wasser angießen.

5. Fleisch aus dem Bräter nehmen, mit Alufolie abdecken und ruhen lassen. Wenn nötig, etwas Wasser zu den Zwiebeln und den Sultaninen geben und alles zusammen auf der Herdplatte zu einer sämigen Sauce verkochen. Sauce noch einmal abschmecken.

6. In der Zwischenzeit Fleisch in Scheiben schneiden. Mandelblättchen im Öl knusprig braun braten. Fleisch auf einer Platte anrichten, mit Sauce überziehen und mit Mandelblättchen bestreuen.

Dazu passen ein frischer grüner Salat und Brot oder Nudeln.

Silvia Lafers Tischdekoration

Mediterran und duftig

Herrlich leichte und mediterran inspirierte Deko mit Kräuterkränzchen aus blühendem Rosmarin, Olivenzweigen, italienischem Mohn etc. auf einer Tischdecke aus aprikosenfarbener Baumwolle. Dazu passende Servietten als Ziehharmonika falten und mit einem Organzatuch zusammenhalten. Für die Namenschildchen drei Zweige Rosmarin mit einem Schleifenband, auf dessen Ende der Name des Gastes steht, umwickeln. Für die Menükarte eine weiße Stumpenkerze mit Bändern versehen und das längste Band mit grünem Filzstift beschriften.

Lammeintopf mit Graupen und geschmorten Schalotten

Für den Lammeintopf:
100 g durchwachsener Speck
20 ml Rapsöl
80 g Schalotten, in Streifen
je 150 g Karotten und
 Lauch, fein gewürfelt
150 g Perlgraupen
Salz, Pfeffer aus der Mühle
200 ml Weißwein
1 ½ l Lammfond

Für die Schalotten:
40 g Zucker
200 ml Rotwein
50 ml Aceto balsamico
80 ml Portwein
1 Msp. Nelkenpulver
½ Zimtstange
einige Thymianzweige
einige Rosmarinzweige
600 g Schalotten, geschält

Für die Einlage:
400 g Lammrückenfilet
je 1 gelbe und grüne Zucchini
je ½ große rote und gelbe
 Paprikaschote
20 ml Rapsöl
einige Rosmarinzweige
einige Thymianzweige
2 EL gehackter Knoblauch
Salz, Pfeffer aus der Mühle
1 EL fein gehackte Petersilie

Zubereitungszeit:
 ca. 1 ½ Stunden

1. Speck in Streifen schneiden und im Rapsöl kross anbraten. Schalottenstreifen, Karotten- und Lauchwürfel dazugeben, mit anbraten, aber nicht braun werden lassen. Graupen dazugeben, mit Salz und Pfeffer würzen, mit Weißwein ablöschen und Fond angießen. Gemüse zusammen mit den Graupen 30–45 Minuten köcheln lassen.

2. In der Zwischenzeit für die Schalotten Zucker hellbraun karamellisieren, mit Rotwein, Essig und Portwein ablöschen. Den Sud mit Nelken würzen, Zimtstange, Thymian- und Rosmarinzweige dazugeben. Schalotten in die Flüssigkeit geben und zugedeckt bei niedriger Hitze weich schmoren und anschließend den Sud etwas einkochen lassen.

3. Lammrückenfilet von Häuten und Sehnen befreien und in ca. 2 cm große Würfel schneiden.

4. Zucchini längs halbieren und in breite Scheiben schneiden. Paprikaschoten mit einem Sparschäler schälen, entkernen und in Stücke schneiden.

5. Lammfleisch im Rapsöl anbraten. Kräuterzweige, Zucchini und Paprikaschoten dazugeben und kurz mit anbraten. Knoblauch dazugeben und alles mit Salz und Pfeffer würzen. (Fleisch nicht zu lange braten, es sollte innen noch rosa sein.)

6. Kräuterzweige aus der Fleisch-Gemüse-Mischung und aus den Schalotten nehmen. Zimtstange ebenfalls entfernen. Fleisch zusammen mit dem Gemüse und den Schalotten als Einlage in den Eintopf geben.

7. Kurz vor dem Servieren Petersilie unter den Eintopf heben und anrichten.

Süßes Fleisch

von Matthias Herber, Steinau-Ulmbach

1 kg magere Lammschulter
  ohne Knochen
Salz
2 EL Butterschmalz
100 g Zucker
60 g Mandeln, gehäutet
½ Zimtstange, in Stücke
  gebrochen
250 ml Wasser
2 EL Orangenblütenwasser
300 g Backpflaumen ohne
  Stein

Vorbereitungszeit:
  ca. 1 ¼ Stunde

1. Fleisch wie für Gulasch in Würfel schneiden und salzen. Dann im Butterschmalz scharf anbraten, aus dem Topf nehmen und beiseite stellen.

2. Zucker in den Topf geben und leicht karamellisieren. Mandeln und Zimtstange dazugeben. Alles umrühren. Mit dem Wasser ablöschen, Orangenblütenwasser dazugießen. Das Ganze unter Rühren zum Kochen bringen.

3. Lammfleisch zusammen mit dem ausgetretenen Fleischsaft zurück in den Topf geben und zugedeckt ca. 1 Stunde schmoren lassen. Etwa 15 Minuten vor Ende der Garzeit Backpflaumen dazugeben.

Dazu passen Nudeln oder Weißbrot.

Royal

Königlich die Tischdecke aus dunkelrotem Samt mit Nerzimitat am Rand. Dazu Servietten aus weißer Baumwolle zur Hälfte falten, eng rollen. Im letzten Drittel ein 30 cm langes, dunkelrotes Schleifenband mit einem Ende schräg hineinlegen und die Serviette weiterwickeln. Bandende außen spiralförmig um die Serviette legen und loses Ende unten einstecken. Eine Krone aus Bronze-Imitat mit einem Gesteck aus dunkelroten Samtrosen, Rosmarin- und Thymianzweigen bestücken. An jeden Platz eine kleine Vase mit je einer Rose und Kräuterzweig stellen. Statt Tischkarten rote Glasherzen mit Goldstift beschriften; Stimmung bringen Teelichthalter aus vergoldetem Metall in Form der französischen Lilie.

Für den Romanasalat:
1 EL scharfer Senf
1 EL fein gehackter
  Knoblauch
6 EL Olivenöl
3 EL Zitronensaft
Salz, Pfeffer aus der Mühle
200 g Romanasalat
160 g Cocktailtomaten

Für die Schnitzel:
4 Schnitzel von der
  Lammkeule (à ca. 80 g)
Salz, Pfeffer aus der Mühle
2 Eier
2 EL steif geschlagene Sahne
200 g frische Weißbrotbrösel
1 TL Thymianblättchen
1 TL Rosmarinnadeln,
  gehackt
Mehl zum Mehlieren
100 g Butterschmalz
1 EL gehackter Knoblauch

Außerdem:
Parmesan zum Darüber-
  reiben

Zubereitungszeit:
  ca. 30 Minuten

Lammschnitzel in der Kräuterpanade

1. Für das Salatdressing Senf, Knoblauch, Olivenöl und Zitronensaft in ein Mixgefäß geben und mit Salz und Pfeffer würzen. Mit einem Stabmixer zu einer sämigen Sauce mixen. Romanasalat waschen, trockenschleudern und in große Stücke schneiden. Tomaten waschen, trockentupfen und halbieren.

2. Schnitzel mit Klarsichtfolie bedecken, plattieren, mit Salz und Pfeffer würzen. Eier und Sahne verquirlen. Brösel mit Kräutern mischen. Schnitzel kurz in Mehl wenden, überschüssiges Mehl abklopfen, durch die Ei-Sahne-Mischung ziehen und in den Kräuterbröseln wenden. Panade leicht andrücken.

3. Butterschmalz schmelzen lassen, Knoblauch darin einmal erhitzen. Butterschmalz in eine Pfanne passieren und Lammschnitzel darin bei mittlerer Hitze goldgelb ausbacken. Anschließend herausnehmen und auf Küchenkrepp abtropfen lassen.

4. Salat mit der Senfvinaigrette mischen, zusammen mit den Schnitzeln anrichten. Etwas Parmesan darüber reiben.

Gebratene Lammfilets auf Prinzessbohnen

Für die Bohnen:
400 g Prinzessbohnen, geputzt
Salz
50 g durchwachsener Speck, klein gewürfelt
1 EL Olivenöl
2 EL Schalottenwürfel
2 EL gehackter Knoblauch
Pfeffer aus der Mühle
2 Tomaten, enthäutet, entkernt und in Spalten geschnitten
2 EL fein gehackte Petersilie

Für die Lammfilets:
8 Lammfilets, küchenfertig
30 ml Olivenöl
einige Rosmarinzweige
einige Thymianzweige
½ frische Knoblauchknolle, quer halbiert
2 ungeschälte Schalotten, halbiert
Salz, Pfeffer aus der Mühle

Außerdem:
Rosmarinzweige zum Garnieren

Zubereitungszeit: ca. 30 Minuten

1. Bohnen in kochendem, reichlich gesalzenem Wasser blanchieren, anschließend in Eiswasser abschrecken.

2. Lammfilets im Olivenöl von allen Seiten kurz anbraten. Rosmarin- und Thymianzweige, Knoblauch und Schalotten dazugeben. Fleisch mit Salz und Pfeffer würzen, Brattemperatur reduzieren und Filets ganz langsam gar braten.

3. Für die Bohnen Speck im Olivenöl anbraten, Schalotten und Knoblauch dazugeben und mitbraten. Bohnen dazugeben, mit Salz und Pfeffer würzen. Tomaten und Petersilie darunter rühren.

4. Lammfilets zusammen mit den Bohnen anrichten, mit kleinen Rosmarinzweigen garnieren.

Gebrannte Joghurtcreme mit Pfirsichkompott

Für die Joghurtcreme:
380 ml Sahne
50 g Zucker
abgeriebene Schale von
  ½ Zitrone (unbehandelt)
Mark von 1 Vanilleschote
140 g Naturjoghurt
5 Eigelbe
brauner Zucker zum
  Bestreuen

Für das Pfirsichkompott:
8 Pfirsiche
60 g Honig
40 g Zucker
125 ml Weißwein
20 ml Grenadine
  (Granatapfelsirup)
Saft und abgeriebene Schale
  von ½ Orange (unbehan-
  delt)
Saft von ½ Zitrone
Mark von ½ Vanilleschote

Zubereitungszeit:
  ca. 1 ¼ Stunden
Kühlzeit: 4 Stunden

1. Backofen auf 120 °C vorheizen. Sahne aufkochen, mit Zucker, Zitronenschale, Vanillemark und Joghurt verrühren. Mischung kurz aufkochen, vom Herd nehmen und langsam mit dem Stabmixer unter die Eigelbe mixen.

2. Creme unter ständigem Rühren auf ca. 75 °C erwärmen, durch ein feines Sieb passieren und in 4 Schälchen (à ca. 150 ml Füllmenge) füllen.

3. Ein tiefes Backblech mit Küchenkrepp belegen, Schälchen darauf stellen und heißes Wasser in das Blech gießen. Creme im vorgeheizten Backofen ca. 30 Minuten garen. Creme anschließend herausnehmen, abkühlen lassen und für mindestens 4 Stunden in den Kühlschrank stellen.

4. Pfirsichhaut mit einem Messer kreuzweise anritzen. Pfirsiche kurz in kochendes Wasser tauchen, herausnehmen und in Eiswasser abschrecken. Haut abziehen, Pfirsiche in Spalten schneiden und Kerne entfernen.

5. Honig in einer Pfanne erhitzen und aufschäumen lassen. Zucker, Weißwein, Grenadine, Orangenschale, Orangen- und Zitronensaft und Vanillemark dazugeben. Das Ganze sirupartig einkochen lassen.

6. Pfirsichspalten in die heiße Flüssigkeit geben. Kurz darin ziehen lassen.

7. Kalte Creme mit braunem Zucker bestreuen und mit Hilfe eines Bunsenbrenners karamellisieren. Gebrannte Creme zusammen mit dem Pfirsichkompott anrichten.

Schweinefilet in Joghurt

von Leo Koch, Binsfeld

150 g Allgäuer Emmentaler
700 g Schweinefilet, küchenfertig
Salz, Paprikapulver
1 EL Butterschmalz
1 Zwiebel, in Streifen
 geschnitten
125–250 ml Gemüsebrühe
300 g Naturjoghurt
evtl. etwas Speisestärke in
 kaltem Wasser angerührt

Zubereitungszeit:
 ca. 40 Minuten

1. Käse in kleine Stifte schneiden. In das Filet mehrere kleine Taschen schneiden und Käsestifte hineinlegen. Filet mit Salz und reichlich Paprikapulver würzen und im heißen Butterschmalz von allen Seiten gut anbraten.

2. Zwiebel zum Fleisch geben und kurz andünsten. Brühe angießen, Topf mit einem Deckel schließen und Filet bei geringer Hitze ca. 20 Minuten in der Brühe garen.

3. Topf vom Herd nehmen. Joghurt unter die Sauce rühren und das Ganze bei schwacher Hitze noch einmal erwärmen, aber nicht mehr aufkochen lassen. Sauce nach Belieben mit etwas Speisestärke binden.

4. Fleisch zusammen mit der Sauce anrichten.

Dazu passen Petersilienkartoffeln und ein frischer grüner Salat.

Fürstlich speisen

Es ist Zeit zum Genießen … Auf die Tischdecke aus pastell-türkisfarbenem Satin mit passenden Servietten kommt ein Strauß aus langen, großblütigen, duftenden Freilandrosen in den Pastelltönen Gelb, Orange und Rosa. Im Strauß steckt eine Schleife aus dunkelgrünen und orangefarbenen Geschenkbändern. Neben jeden Teller wird eine Rose gelegt, wobei der Stiel mit einem Band umwickelt ist. Als Menükarte dient ein aufgeschlagenes, kleines altes Kochbuch mit Goldschnitt. Eine Doppelseite aus Pergamentpapier ist geknickt hineingelegt und mit schwarzem Füller beschriftet.

Überbackene Pfannkuchen mit Quarkfüllung und Dörraprikosenkompott

Für die Pfannkuchen:
125 g Mehl
2 Eier
Salz
abgeriebene Schale von
 ½ Zitrone (unbehandelt)
250 ml Milch
Butterschmalz

Für die Füllung:
250 g Magerquark
60 g zimmerwarme Butter
80 g Puderzucker
3 Eigelbe
1 EL Rum
50 g Rosinen
Mark von 1 Vanilleschote
abgeriebene Schale von
 ½ Orange (unbehandelt)
abgeriebene Schale von
 ½ Zitrone (unbehandelt)
2 Eiweiße, Salz
40 g Zucker

Außerdem:
Butter zum Fetten
70 ml Sahne
1 Ei
1 EL Zucker
5 Dörraprikosen, über Nacht
 in Whiskey eingeweicht
Puderzucker zum Bestreuen

Zubereitungszeit:
 ca. 30 Minuten
Backzeit: ca. 45 Minuten

1. Mehl, Eier, 1 Prise Salz und Zitronenschale mischen, Milch dazugeben und alles mit einem Stabmixer zu einem glatten Teig verrühren.

2. Etwas Butterschmalz in einer beschichteten Pfanne erhitzen, etwas Teig hineingeben und durch Schwenken der Pfanne auf dem Pfannenboden verteilen. Pfannkuchen von beiden Seiten backen. Auf dieselbe Weise noch weitere Pfannkuchen backen.

3. Backofen auf 180 °C vorheizen. Quark in einem Küchentuch ausdrücken. Butter zusammen mit Puderzucker schaumig rühren. Eigelbe dazugeben und die Masse sehr schaumig aufschlagen. Quark, Rum, Rosinen und Vanillemark zufügen, Orangen- und Zitronenschale dazureiben und alles gut verrühren.

4. Eiweiße mit 1 Prise Salz leicht aufschlagen. Zucker einrieseln lassen, Eiweiße steif schlagen und unter die Quarkmasse heben.

5. Pfannkuchen dünn mit der Füllung bestreichen, zusammenrollen und halbieren. Pfannkuchen dachziegelartig in eine ausgebutterte feuerfeste Form (Länge ca. 30 cm) legen. Das Ganze im vorgeheizten Backofen ca. 15 Minuten backen.

6. Sahne, Ei und Zucker verrühren und auf die Pfannkuchen gießen. Dörraprikosen darauf geben. Pfannkuchen wieder in den Ofen stellen und in 30–35 Minuten fertig backen.

7. Die gebackenen Pfannkuchen mit Puderzucker bestreuen und zusammen mit Dörraprikosenkompott anrichten.

**Für das Dörraprikosen-
kompott:**

300 g Dörraprikosen (ohne
Kern)
60 ml Whiskey
2 EL Honig
1 Orange (unbehandelt)
200 ml Orangensaft (frisch
gepresst)
Saft von 1 Zitrone
4 EL Grenadine (Granat-
apfelsirup)
60 g Walnusskerne

*Zubereitungszeit:
ca. 15 Minuten
Marinierzeit: ca. 1 Tag*

1. Dörraprikosen am Vortag in Whiskey einlegen und mit Klarsichtfolie abgedeckt ca. 1 Tag durchziehen lassen.

2. Orangenschale mit einem Zestenreißer abziehen oder Schale
(ohne die weiße Innenhaut) abschneiden und in Streifen schneiden. Honig in einem Topf schmelzen, Orangenzesten dazugeben,
mit Orangensaft ablöschen. Zitronensaft, Grenadine und Aprikosen dazugeben und alles siruparting einkochen lassen.

3. Walnusskerne unter das Kompott rühren.

Pfannkuchenröllchen mit Rotweinzwetschgen und Joghurtnocken

von Oliver Lohbrunner, Karlsruhe

Für 6 Personen

Für das Zwetschgenmus:
1 Glas Zwetschgen (750 ml
    Inhalt)
100 ml Rotwein
3 EL Puderzucker
1 TL Zimtpulver
1 Spritzer Aceto balsamico
1 Päckchen gemahlene
    Gelatine

Für die Joghurtnocken:
1 Ei
1 TL Zitronensaft
300 g Naturjoghurt
50 g Orangenmarmelade
5 EL Orangensaft (frisch
    gepresst)
5 Blatt weiße Gelatine (oder
    1 Päckchen gemahlene
    Gelatine), in kaltem
    Wasser eingeweicht
125 ml Sahne

Für die Pfannkuchen:
2 Eier
2 Eigelbe
Salz
100 g Mehl
ca. 125 ml Milch
Mineralwasser
Butterschmalz zum
    Ausbacken

1. Zwetschgen bereits am Vortag abtropfen lassen und über Nacht im Rotwein marinieren.

2. Für die Joghurtnocken Ei zusammen mit Zitronensaft schaumig schlagen. Joghurt und Marmelade darunter rühren.

3. Orangensaft leicht erwärmen und ausgedrückte Gelatineblätter darin auflösen. Saft unter die Joghurtmasse rühren und das Ganze kühl stellen, bis es zu stocken beginnt.

4. Sahne steif schlagen, unter die Joghurtmasse heben und diese anschließend im Kühlschrank fest werden lassen.

5. Einige Zwetschgen zum Garnieren in Spalten schneiden und beiseite legen. Restliche Zwetschgen zusammen mit Rotwein pürieren. Puderzucker und Zimt dazugeben. Püree unter Rühren köcheln las-

Zum Anrichten und Garnieren:

½ l Vanillesauce
2 EL gehackte Pistazien
einige Minzeblättchen

Zubereitungszeit:
  ca. 45 Minuten
Marinierzeit: ca. 12 Stunden
Kühlzeit: ca. 2 Stunden

sen, bis es dickflüssig ist. Mit etwas Essig und eventuell noch etwas Zimt und Puderzucker abschmecken. Püree vom Herd nehmen und Gelatine darunter rühren.

6. Für die Pfannkuchen Eier, Eigelbe und 1 Prise Salz verquirlen. Mehl darunter rühren und dabei so viel Milch dazugeben, dass ein dickflüssiger Teig entsteht. Zum Schluss noch etwas Mineralwasser unter den Teig rühren, er darf aber nicht zu flüssig werden.

7. Etwas Butterschmalz in einer beschichteten Pfanne erhitzen, ein Viertel des Teiges in die Pfanne geben und durch Schwenken auf dem Pfannenboden verteilen. Pfannkuchen von beiden Seiten backen. Auf die gleiche Weise 3 weitere Pfannkuchen backen. Pfannkuchen dünn mit Zwetschgenmus bestreichen, zusammenrollen und kalt stellen.

8. Pfannkuchen in Stücke schneiden und mit der Schnittfläche nach oben auf Tellern anrichten. Von der Joghurtmasse Nocken abstechen und dazulegen. Etwas Vanillesauce angießen. Nocken und Pfannkuchen mit Pistazien bestreuen, alles mit Minzeblättchen und Zwetschgenspalten garnieren.

Silvia Lafers Tischdekoration

Komposition in Rosa

Für diese Tischdekoration hat Silvia Lafer den Tisch mit glänzender rosa Baumwolle eingedeckt, farblich passende rosa Servietten zur Blüte gefaltet und auf die Platzteller gelegt. Die Menüfolge ist mit Silberstift auf rosa DIN-A-4-Blätter geschrieben. Diese werden eingerollt und hochkant in Porzellan-Serviettenringe gesteckt, die mit den Namen der Gäste beschriftet sind.

Johann Lafers Küchentipp

Probieren Sie Joghurt in der pikanten Küche. Der frische, leicht säuerliche Geschmack passt zu kräftig gewürzten Saucen besonders gut.

400 g Schweinehackfleisch
20 g Butterschmalz
2 Schalotten, klein gewürfelt
2 Knoblauchzehen, gehackt
125 ml Brühe
125 ml Weißwein
abgeriebene Schale von
  ½ Zitrone (unbehandelt)
Salz, Pfeffer, Chili aus der
  Mühle
½ Salatgurke
1 EL Currypulver
1 EL Thymianblättchen
150 g Naturjoghurt
1 EL gehackte Petersilie
2 Tomaten, enthäutet, entkernt und in Spalten
  geschnitten
600 g frisch gekochte
  Kartoffeln, geschält
20 g flüssige, warme Butter
100 g Allgäuer Bergkäse,
  frisch gerieben

Zum Garnieren:
etwas Blattpetersilie

Zubereitungszeit:
  ca. 30 Minuten

Hackfleischsauce mit Joghurt und Gurken

1. Hackfleisch im Butterschmalz braten. Schalotten und Knoblauch dazugeben und mitbraten. Brühe und Weißwein dazugießen und alles kurz aufkochen. Sauce mit Zitronenschale, Salz, Pfeffer und Chili würzen und einkochen lassen.

2. In der Zwischenzeit Gurke waschen, trockentupfen und grob raspeln. Curry, Thymianblättchen, Gurke und Joghurt zum Hackfleisch geben und die Sauce sofort vom Herd nehmen. Petersilie und Tomatenspalten darunter rühren.

3. Kartoffeln mit Butter begießen. Hackfleischmasse zusammen mit den Kartoffeln anrichten, mit Käse bestreuen und mit Blattpetersilie garnieren.

Pfannkuchen-Hackfleisch-Ragout im Salatblatt

2 Pfannkuchen
400 g Hackfleisch
50 ml Rapsöl
½ rote Paprikaschote, geschält und gewürfelt
4 Austernpilze, klein gewürfelt
5 Zuckerschoten, in feine Streifen geschnitten
1 EL fein gehackter Knoblauch
1 EL Schalottenwürfel
3 EL süße Chilisauce
Salz
Chili aus der Mühle
2 EL fein gehacktes Korianderkraut
8 große Blätter Eisbergsalat
10 ml Balsamico bianco

Zum Garnieren:
Blattpetersilie

Zubereitungszeit: ca. 25 Minuten

1. Pfannkuchen zusammenrollen und in Streifen schneiden.

2. Fleisch in 40 ml heißem Rapsöl anbraten. Paprikawürfel, Austernpilze, Zuckerschoten und Knoblauch dazugeben und mitbraten. Schalottenwürfel und Chilisauce darunter rühren und alles mit Salz und Chili würzen. Pfannkuchenstreifen darunter heben und zuletzt das Korianderkraut hineinstreuen.

3. Salatblätter waschen und trockenschleudern. Blätter auf Tellern anrichten, mit Rapsöl und Essig beträufeln und etwas salzen.

4. Pfannkuchen-Hackfleisch-Ragout in den Salatblättern anrichten und mit Petersilienblättern garnieren.

Quarkschmarren mit Holunderbirnen

Für die Holunderbirnen:
4 mittelgroße Birnen
3 EL Kastanienhonig
40 g Butter
250 ml Holundersaft
abgeriebene Schale von
  ½ Orange (unbehandelt)
abgeriebene Schale von
  ½ Zitrone (unbehandelt)
Zimt aus der Mühle
Gewürznelke aus der Mühle
etwas Speisestärke

Für den Quarkschmarren:
125 g Magerquark
3 EL Milch
60 ml Sahne
3 Eigelbe
abgeriebene Schale von
  ½ Zitrone (unbehandelt)
abgeriebene Schale von
  ½ Orange (unbehandelt)
50 g Mehl
3 Eiweiße, Salz
60 g Zucker
1 EL Rosinen
20 g Butter
50 ml Orangenlikör
Mark von ½ Vanilleschote
20 g Puderzucker

Zum Garnieren:
2 EL Puderzucker
100 ml Vanillesauce

Zubereitungszeit:
  ca. 40 Minuten
Backzeit: ca. 10 Minuten

1. Birnen schälen, halbieren, in Spalten schneiden und Kerngehäuse entfernen.

2. Kastanienhonig schmelzen lassen. Butter dazugeben und Holundersaft angießen. Birnenspalten in den Sud legen und zugedeckt köcheln lassen, bis die Birnen gar, aber noch bissfest sind. Anschließend herausnehmen.

3. In der Zwischenzeit Backofen auf 180 °C vorheizen. Für den Schmarren Quark, Milch und Sahne mit einem Stabmixer glatt verrühren. Eigelbe, Zitronen- und Orangenschale dazugeben und verrühren. Mehl darunter rühren.

4. Eiweiße zusammen mit 1 Prise Salz kurz aufschlagen. Eiweiße steif schlagen, dabei Zucker einrieseln lassen. Eischnee unter die Quarkmasse heben.

5. Rosinen in Butter in einer Pfanne anbraten, die Hälfte des Orangenlikörs dazugeben, etwas einkochen lassen und Vanillemark darunter rühren. Quarkmasse darauf gießen, mit den Rosinen mischen und im vorgeheizten Backofen in 10–15 Minuten backen.

6. Holundersauce mit Orangen- und Zitronenschale sowie je 1 Prise Zimt und Gewürznelke würzen.

7. Etwas Speisestärke in wenig kaltem Wasser anrühren und die Sauce damit binden, so dass sie eine sirupartige Konsistenz bekommt. Die Birnenspalten hineinlegen und in der Sauce ziehen lassen.

8. Schmarren aus dem Ofen nehmen, wenden und mit zwei Pfannenwendern in der Pfanne zerteilen. Schmarren etwas zusammenschieben. Puderzucker auf die freie Pfannenfläche geben, restlichen Orangenlikör darauf gießen und alles mit dem Schmarren verrühren.

9. Schmarren auf Tellern anrichten, mit Puderzucker bestreuen. Holunderbirnen dazulegen und mit Vanillesauce beträufeln.

Aprikosen-Quark-Creme

von Rita Fuchs, Bitburg-Erdorf

375 ml Vanilleeis
1 Dose Aprikosen (480 g
   Abtropfgewicht)
1–2 EL Puderzucker
50 g gemahlene Mandeln
200 ml Sahne
1 Päckchen Vanillezucker
1–2 EL Zucker
250 g Sahnequark

Zum Garnieren:
100 g Himbeeren
2 EL geröstete
   Mandelblättchen
einige Minzeblättchen

Zubereitungszeit:
*   ca. 15 Minuten*

1. Vanilleeis aus der Tiefkühltruhe nehmen. Aprikosen abtropfen lassen. Einige schöne Hälften zum Garnieren beiseite legen. Restliche Aprikosen zusammen mit Puderzucker pürieren.

2. Mandeln in einer trockenen Pfanne rösten, wieder abkühlen lassen. Sahne steif schlagen, nach und nach Vanillezucker und Zucker dazugeben.

3. Vanilleeis, Quark, Sahne und Mandeln mit dem Handrührgerät cremig rühren. Aprikosenpüree darunter rühren.

4. Creme in Dessertschalen gießen. Beiseite gelegte Aprikosenhälften in Spalten schneiden. Dessert mit Aprikosenspalten, Himbeeren, Mandelblättchen und Minzeblättchen garnieren.

Silvia Lafers Tischdekoration

Reich an Aromen

Hier ist die Tafel mit einer beige-goldfarbenen Tischdecke aus Satin und passenden Servietten, welche in Form von Sternen gefaltet sind, eingedeckt. Für die Tischkarten die Namen der Gäste auf kleine Konfektschalen schreiben und an ein mit Goldkordel zusammengebundenes Bündel aus Vanillestangen lehnen. Das Menü mit wasserlöslichem Filzstift auf eine zum Geschirr passende Kuchenplatte schreiben.

Kartoffelmaultaschen mit Pflaumenkompott und Vanillesauce

Für das Kompott:
300 g Pflaumen oder
   Zwetschgen
100 g Zucker
1 Msp. Zimtpulver
Gewürznelken aus der
   Mühle
Saft von ½ Orange
abgeriebene Schale von
   ½ Zitrone (unbehandelt)
50 ml Holundersaft
80 ml Rotwein

Für die Maultaschen:
600 g Kartoffeln (mehlig
   kochende Sorte)
2 Eigelbe
Salz
25 g weiche Butter
ca. 100 g Stärkemehl
150 g Pflaumenmus
20 ml Rum
abgeriebene Schale von
   ½ Orange (unbehandelt)
Mehl zum Ausrollen
1 Eigelb, verquirlt, zum
   Bestreichen

Für die Brösel:
40 g Butter
1 TL Zimt
125 g Semmelbrösel
abgeriebene Schale von
   ½ Zitrone (unbehandelt)
2 EL Zucker

1. Pflaumen oder Zwetschgen waschen, trockentupfen, halbieren und entsteinen.

2. Zucker, Zimt, Nelkenpulver, Orangensaft, Zitronenschale, Holundersaft und Rotwein in eine Pfanne geben, aufkochen und dann langsam einkochen lassen. Früchte dazugeben, kurz garen und das Kompott vom Herd nehmen.

3. Backofen auf 140 °C vorheizen. Kartoffeln waschen, in der Schale 10 Minuten in Wasser kochen, dann in Alufolie wickeln und im Backofen ca. 1 Stunde garen. Anschließend Kartoffeln schälen und noch heiß durch eine Kartoffelpresse drücken. Eigelbe, Salz und Butter dazugeben und alles verrühren. So viel Stärkemehl darunter arbeiten, bis ein glatter, weicher Teig entstanden ist.

4. Für die Füllung Pflaumenmus, Rum und Orangenschale verrühren.

5. Kartoffelteig auf einer mit Mehl bestäubten Arbeitsfläche 2 mm dünn ausrollen, mit einer Palette von der Arbeitsfläche lösen, damit der Teig nicht anklebt. 8 cm große Kreise ausstechen und diese zur Hälfte mit Eigelb einstreichen. Etwas Füllung auf eine Teighälfte geben, andere Hälfte darüber klappen und Teigränder mit einer Gabel zusammendrücken.

6. Kartoffelmaultaschen in kochendes Salzwasser geben, Hitze herunterschalten und Maultaschen ca. 10 Minuten ziehen lassen.

7. In der Zwischenzeit Butter schmelzen. Zimt und Semmelbrösel dazugeben und anrösten. Zitronenschale und Zucker darunter rühren.

8. Maultaschen aus dem Wasser nehmen, abtropfen lassen und in den Bröseln wenden.

Außerdem:
Puderzucker zum Bestreuen
250 ml Vanillesauce

Zubereitungszeit:
  ca. 2 ¼ Stunden

9. Maultaschen auf Tellern anrichten und mit Puderzucker bestreuen. Mit Vanillesauce garnieren und Kompott dazu servieren.

Kartoffelwaffeln mit Holundersahne

von Birgit Reindl, Ottendorf

Für die Holundersahne:
7 Blätter rote Gelatine, in
   kaltem Wasser eingeweicht
ca. 300 g Holunderkompott
250 ml Sahne, steif geschlagen

Für die Kartoffelwaffeln:
75 g weiche Butter
2 Eier
25 g Zucker
50 ml Milch
50 ml Mineralwasser mit
   Kohlensäure
Salz
100 g Mehl
¼ Päckchen Backpulver
400 g Kartoffeln (vorwiegend
   fest kochende Sorte), am
   Vortag als Pellkartoffeln
   gekocht
Butterschmalz zum Fetten

Außerdem:
Puderzucker zum Bestreuen
einige Minzeblättchen

Zubereitungszeit:
   ca. 1 Stunde
Kühlzeit: ca. 2 Stunden
Backzeit: ca. 40 Minuten

1. Gelatineblätter mit wenig Wasser erwärmen, auflösen und unter das Holunderkompott rühren. Kompott kalt stellen, bis es zu stocken beginnt. Sahne vorsichtig darunter heben und Creme bis zur Verwendung wieder kalt stellen.

2. Butter schaumig rühren. Eier einzeln darunter rühren. Nacheinander Zucker, Milch, Mineralwasser und 1 Prise Salz dazugeben. Zum Schluss Mehl und Backpulver darunter rühren.

3. Kartoffeln fein reiben und mit dem Waffelteig mischen. Waffeln nacheinander in einem gefetteten Waffeleisen ausbacken.

4. Waffeln mit Puderzucker bestreuen, zusammen mit Holundersahne anrichten und mit Minzeblättchen garnieren.

Tipp:
So stellen Sie das Holunderkompott her: 1 kg frische Holunderbeeren (vom Stiel gezupft) kurz waschen und abtropfen lassen. Beeren zusammen mit 400 ml Apfelsaft, 400 ml schwarzem Johannisbeernektar, 200 ml Wasser, 200 g Honig und 500 g Gelierzucker extra (2:1) in einen Topf geben und weich kochen. Kompott noch heiß in Gläser füllen und mit einem Schraubdeckel verschließen.

Silvia Lafers Tischdekoration

Ein Hauch von Exotik

Diese Deko besteht aus einer Tischdecke aus glänzendem Stoff in Reptiloptik und schillernden Farbtönen. Die Servietten aus hellblauem Organza auf eine hellblaue Satinserviette legen und in der Mitte mit einem Lederband zusammenbinden. Daran einen chinesischen Porzellanlöffel befestigen. Ein Blumengesteck aus lila Wicken verwöhnt das Auge. Die Menükarte mit Silberstift auf ein kleines Stück Tonpapier schreiben. Essstäbchen in eine weiße, flache Schale, gefüllt mit Kieselsteinen, stecken und daran die Karte befestigen. Die Tischkarten einfach so, ohne Essstäbchen in die Kieselsteine stecken.

Früchte-Quark-Gratin

150 g Beeren (z. B. Erdbeeren, Himbeeren, Brombeeren, Johannisbeeren, Heidelbeeren)
4 Eigelbe
60 g Puderzucker
80 ml Sekt
Saft und abgeriebene Schale von ½ Zitrone (unbehandelt)
60 g Magerquark
60 ml Sahne, steif geschlagen
1 EL Speisestärke

Zum Garnieren:
Puderzucker zum Bestreuen
je 100 ml Mango- und Himbeersauce

*Zubereitungszeit:
  ca. 10 Minuten
Gratinierzeit: ca. 5 Minuten*

1. Beeren verlesen, putzen und waschen. Erdbeeren vierteln.

2. Eigelbe, Puderzucker, Sekt, Zitronensaft und -schale verrühren und über Wasserdampf cremig schlagen. Masse vom Herd nehmen und schlagen, bis sie kalt ist. Quark, Sahne und Speisestärke darunter rühren.

3. Gratinmasse in eine flache Auflaufform (ca. 30 cm lang) geben. Früchte darauf verteilen und Gratin unter dem Backofengrill 5–7 Minuten überbacken, bis die Oberfläche eine goldgelbe Farbe bekommt.

4. Gratin mit Puderzucker bestäuben und zusammen mit den Fruchtsaucen anrichten.

4 große, feste Birnen, z.B.
   Williams Christ
Saft von ½ Zitrone
60 g Zucker
30 g Butter
¼ TL Zimtpulver
100 ml Weißwein
100 g Zartbitter-Kuvertüre
50 g Walnüsse, grob gehackt
3 EL geschlagene Sahne
4 Kugeln Vanilleeis

Zum Garnieren:
Schokoladenspäne

Zubereitungszeit:
   ca. 20 Minuten

Birnenkompott mit Schokolade und Vanilleeis

1. Birnen schälen, vierteln, entkernen, in Spalten schneiden und mit etwas Zitronensaft beträufeln.

2. Zucker leicht karamellisieren lassen. Butter und Zimtpulver dazugeben, mit Wein ablöschen und 1 Esslöffel Zitronensaft dazugeben. Birnen in den Sud legen und abgedeckt weich dünsten.

3. Kuvertüre grob hacken und zusammen mit den Walnüssen zum Birnenkompott geben. Sahne darunter rühren.

4. Kompott zusammen mit Vanilleeis anrichten und mit Schokoladenspänen garnieren.

Mandel-Zimt-Omelett mit Erdbeeren in Orangenkaramell

Für das Omelett:
125 ml Milch
15 g Mehl
50 g Zucker
3 Eigelbe
½ TL gemahlener Zimt
30 g gemahlene Mandeln,
  geröstet
20 ml Orangenlikör
Mark von 1 Vanilleschote
3 Eiweiße, Salz
40 g Butterschmalz
40 g Mandelblättchen

Für die Erdbeeren:
Schale von 1 Orange (unbehandelt)
80 g Zucker
200 ml Orangensaft
500 g Erdbeeren, geputzt
Honig zum Beträufeln
Puderzucker zum Bestreuen
250 ml Vanillesauce

Zubereitungszeit:
  ca. 30 Minuten
Backzeit: ca. 10 Minuten

1. Backofen auf 200 °C vorheizen. 4 Esslöffel Milch zusammen mit dem Mehl verrühren. Restliche Milch aufkochen, 30 g Zucker und angerührtes Mehl dazugeben. Das Ganze unter Rühren etwas kochen lassen, danach durch ein feines Sieb passieren.

2. Eigelbe, Zimt, Mandeln, Orangenlikör und Vanillemark unter die Masse rühren.

3. Eiweiße mit 1 Prise Salz kurz aufschlagen, steif schlagen dabei restlichen Zucker einrieseln lassen. Eischnee unter die Omelettmasse heben.

4. Butterschmalz in einer Pfanne erhitzen. Mandelblättchen hineinstreuen, Omelettmasse darauf gießen, glatt streichen und im vorgeheizten Backofen 10–15 Minuten backen.

5. In der Zwischenzeit Schale der Orange (ohne die weiße Innenhaut) abschneiden und in dünne Streifen schneiden oder mit dem Zestenreißer abziehen. Zucker in einem Topf karamellisieren, Orangenstreifen dazugeben. Mit Orangensaft ablöschen und das Ganze sirupartig einkochen lassen.

6. Erdbeeren halbieren oder vierteln, in den Karamell geben und einmal durchschwenken.

7. Omelett aus dem Ofen nehmen, einen Teil der Erdbeeren auf eine Omeletthälfte geben und die andere Hälfte darüber klappen. Omelett auf einen Servierteller stürzen, mit Honig beträufeln und nach Belieben mit Puderzucker bestreuen. Mit Vanillesauce und restlichen Erdbeeren anrichten.

137

Erdbeercreme im Marzipan-Schoko-Mantel

von Elisabeth Kenn-Baak, Meckenheim

*Für eine Terrinenform
(ca. 1 l Füllmenge)*

Für die Terrine:
250 g Marzipan
40 g Zartbitter-Schokolade
300 g Erdbeeren, geputzt
150 g Naturjoghurt
3 EL frisch pürierte Mango
70 g Zucker
Mark von 1 Vanilleschote
2 EL Rosenwasser
7 Blatt Gelatine, in kaltem
   Wasser eingeweicht
150 ml Sahne, steif geschlagen

Zum Garnieren:
etwas geraspelte Schokolade
einige Erdbeerhälften
Vanillesauce nach Belieben

*Zubereitungszeit:
   ca. 45 Minuten
Kühlzeit: ca. 3 Stunden*

1. Marzipan auf einem Stück Klarsichtfolie ca. 2 mm dick, auf die Größe einer Terrinenform (1 l Füllmenge), ausrollen und zusammen mit der Folie in die Form legen. Schokolade schmelzen lassen, Marzipan damit bestreichen und Schokolade fest werden lassen.

2. Von den Erdbeeren 50 g abnehmen und halbieren, den Rest pürieren. Erdbeerpüree, Joghurt, Mangopüree, Zucker, Vanillemark und Rosenwasser miteinander verrühren.

3. Gelatine tropfnass in einen warmen Topf geben und auflösen. Ein wenig von der Creme darunter rühren und dann mit der restlichen Creme verrühren. Creme kühl stellen, bis sie zu stocken beginnt.

4. Sahne unter die Creme rühren. Hälfte der Creme in die Terrinenform füllen, darauf Erdbeerhälften legen und restliche Creme darüber geben. Creme mit Klarsichtfolie abdecken und Terrine mit einem Deckel verschließen. Terrine für ca. 3 Stunden kühl stellen.

5. Terrine aus der Form stürzen und in dünne Scheiben schneiden. Scheiben mit geraspelter Schokolade und Erdbeerhälften garnieren. Nach Belieben mit Vanillesauce servieren.

Silvia Lafers Tischdekoration

Süße Früchtchen

Hier eine fröhliche Tischdeko, bestehend aus einer weißen Baumwolltischdecke mit Erdbeerdruck und passenden rot eingefassten Servietten in einem Serviettenring aus Korbgeflecht. Auf ein Stück Büttenpapier das Menü schreiben und wie ein Etikett auf ein Honigglas kleben. Den Deckel mit einem roten Moltontuch verzieren und mit Paketband verschnüren. Die Tischkarten ebenso herstellen, nur auf kleinere Gläser kleben.

Johanns Apfeltorte

*Für eine Tarteform
(28 cm Durchmesser)*

Für den Boden:
ca. 400 g Blätterteig
2 EL Zimtpulver
Mehl zum Ausrollen
Butter zum Ausfetten
500 g Trockenerbsen zum
Blindbacken

Für den Belag:
6–7 Äpfel
3 EL Honig
1 Zimtstange
Mark von 1 Vanilleschote
7 Gewürznelken
2 Sternanis
50 ml Weißwein
180 ml Apfelsaft
180 g Crème fraîche
2 Eier
3 Eigelbe

Außerdem:
40 g Honig
80 ml Apfelsaft
2 EL Bratapfelmarmelade
20 ml Apfelschnaps
2 EL geröstete Mandelblättchen zum Bestreuen
Puderzucker zum Bestreuen

*Zubereitungszeit:
ca. 30 Minuten
Backzeit: ca. 50 Minuten*

1. Backofen auf 180 °C vorheizen. Blätterteigplatten mit Zimt bestreuen, aufeinander legen und auf einer bemehlten Arbeitsfläche ca. 3 mm dünn ausrollen.

2. Tarteform (28 cm Durchmesser) mit Butter ausfetten. Blätterteig etwa 2 cm größer als die Form ausschneiden und in die Form legen. Teig mit der Gabel mehrmals einstechen, mit Backpapier belegen und Tarteform mit Trockenerbsen füllen. Teig im vorge-heizten Backofen ca. 15 Minuten backen. Herausnehmen, Papier und Erbsen entfernen.

3. Während der Boden bäckt, Äpfel schälen, halbieren und Kerngehäuse entfernen.

4. Honig in eine heiße Pfanne geben, Gewürze, Weißwein und Apfelsaft dazugeben und einmal aufkochen. Apfelhälften in den Sud legen und kurz dünsten. Äpfel herausnehmen. Sud auf 180 ml einkochen lassen und durch ein Sieb passieren.

5. Apfelhälften mit der Rundung nach oben auf dem Teigboden verteilen.

6. Gewürzsud zusammen mit der Crème fraîche aufmixen. Eier und Eigelbe darunter mixen und die Masse über die Äpfel gießen. Kuchen im vorgeheizten Backofen ca. 35 Minuten backen.

7. In der Zwischenzeit Honig und Apfelsaft in einer Pfanne sirup-artig einkochen lassen. Marmelade und Apfelschnaps dazugeben und glatt verrühren.

8. Kuchen aus dem Ofen nehmen und Apfelglasur gleichmäßig darauf pinseln. Kuchen mit Mandelblättchen bestreuen.

9. Kuchen erkalten lassen und Rand mit Puderzucker bestreuen.

Apfelklöße mit Weinschaumsauce

von Regina Keller-Hauer, Obermoschel

Für die Weinschaumsauce:
375 ml Weißwein (vorzugs-
   weise Riesling Spätlese)
125 g Zucker
abgeriebene Schale von
   ½ Zitrone (unbehandelt)
Saft von 1 Zitrone
5 Eier
¾ EL Mehl

Für die Apfelklöße:
550 g säuerliche Äpfel
170 ml Milch
1 ½ EL Zucker
etwas abgeriebene Schale
   von einer Zitrone (unbehandelt)
3 Eier
1 ½ EL flüssige Butter
ca. 200 g Semmelbrösel
Salz

Zum Anrichten:
Zimt und Zucker
einige Johannisbeerrispen
   und Himbeeren

Zubereitungszeit:
* ca. 50 Minuten*

1. Für die Sauce Weißwein, Zucker, Zitronenschale, Zitronensaft und Eier miteinander gut verrühren. Mehl mit etwas kaltem Wasser glatt rühren und dann mit den restlichen Zutaten verrühren.

2. Mischung in einem Topf erhitzen, dabei ständig und kräftig mit einem Schneebesen schlagen, bis eine cremige Sauce entstanden ist. Sie darf auf keinen Fall aufkochen. Anschließend die Creme kalt schlagen.

3. Für die Klöße Äpfel schälen, Kerngehäuse entfernen und Fruchtfleisch in sehr kleine Würfel schneiden.

4. Milch, Zucker, Zitronenschale, Eier und Butter zu den Äpfeln geben und alles mischen. So viel Semmelbrösel darunter rühren, dass ein formbarer Teig entsteht.

5. Mit einem Esslöffel von der Masse Klöße abstechen, sie mit den Händen rollen und in reichlich kochendes Salzwasser geben. Die Klöße einmal kurz aufkochen, danach noch ca. 20 Minuten ziehen lassen. Klöße herausnehmen, auf Küchenkrepp abtropfen lassen und mit Zimt und Zucker bestreuen.

6. Weinschaumsauce auf die Teller geben, die Klöße darauf verteilen und mit Johannisbeerrispen und Himbeeren garnieren.

Silvia Lafers Tischdekoration

Und immer lockt der Apfel ...

Verschiedene Gelb- und Grüntöne wie in einem Sommertraum. Eine Tischdecke aus gelb-grün karierter Baumwolle mit einer großen Schleife aus gleichem Stoff quer über den Tisch legen. Die passenden Servietten eng rollen und durch Äpfel aus Pappmaché stecken. Ein farblich abgestimmter Blumenschmuck sowie eine Stumpenkerze in einem Windlicht mit gefärbtem Wasser runden das Ensemble ab.

Joghurtcreme mit Balsamico-Erdbeeren

Für die Joghurtcreme:
130 g Naturjoghurt
130 g Schmand
25 g Puderzucker
abgeriebene Schale von
  ½ Orange (unbehandelt)
abgeriebene Schale von
  ½ Zitrone (unbehandelt)
3 Blatt Gelatine, in kaltem
  Wasser eingeweicht
125 ml Sahne, steif geschlagen
2 Eiweiße
25 g Zucker

Für die Balsamico-
  Erdbeeren:
200 g Erdbeeren
2 EL Puderzucker
10 ml Balsamico bianco

Zubereitungszeit:
  ca. 15 Minuten

1. Joghurt, Schmand, Puderzucker, Orangen- und Zitronenschale glatt verrühren.

2. Gelatineblätter aus dem Wasser nehmen, tropfnass in einem warmen Topf geben und auflösen. Einen Teil der Creme unter die Gelatine mischen, dann diesen Teil unter die restliche Joghurtcreme rühren. Creme auf Eis stellen, bis sie zu stocken beginnt.

3. Eiweiße kurz aufschlagen, Zucker zugeben, dann die Eiweiße steif schlagen. Eiweiße und Sahne unter die Creme heben. Creme in Gläser füllen.

4. Erdbeeren putzen, waschen und vierteln. Erdbeeren mit Puderzucker und Balsamico-Essig mischen und auf der Creme anrichten.

Apfelschmarren mit Preiselbeeren

Für 6 Personen

Für den Apfelschmarren:
2 Äpfel
Saft von 1 Zitrone
120 g Mehl
200 ml Milch
10 g Rosinen
abgeriebene Schale von
  ½ Zitrone (unbehandelt)
Salz
4 Eier
50 g Butter
80 g Zucker
20 ml Apfelschnaps

Zum Anrichten:
100 g Preiselbeeren aus dem
  Glas
Puderzucker zum Bestreuen

Zubereitungszeit:
  ca. 25 Minuten

1. Äpfel schälen, vierteln, das Kerngehäuse entfernen. Fruchtfleisch in Scheiben schneiden und mit Zitronensaft beträufeln.

2. Mehl und Milch glatt rühren. Rosinen und Zitronenschale dazugeben und mit 1 Prise Salz würzen. Eier dazu geben und das Ganze nicht zu stark verrühren.

3. In einer Pfanne Apfelscheiben in Butter leicht braun braten. 50 g Zucker zugeben und leicht karamellisieren lassen. Teig hineingießen, Pfanne mit einem Deckel verschließen und Schmarren für 10 Minuten auf dem Herd bei geringer Hitze langsam backen.

4. Schmarren umdrehen und mit zwei Pfannenwendern in große Stücke teilen. Schmarren ein wenig zusammenschieben. Auf der freien Pfannenfläche restlichen Zucker und Apfelschnaps verrühren und mit dem Schmarren mischen.

5. Schmarren zusammen mit Preiselbeeren anrichten und mit Puderzucker bestreuen.

Blätterteigschnitten mit Nougatcreme und Beeren

Für 6 Schnitten

Für den Teig:
ca. 250 g Blätterteig (3 recht-
  eckige Scheiben)
Puderzucker zum Bestreuen

Für die Creme:
50 g Zucker
40 g ungeschälte Mandeln
Butter zum Einfetten
100 g heller Nougat
100 g weiße Kuvertüre
2 Eier
abgeriebene Schale von
  ½ Orange (unbehandelt)
3 Blatt Gelatine, in kaltem
  Wasser eingeweicht
450 ml Sahne, geschlagen
250 g gemischte Beeren,
  geputzt

Zum Garnieren:
6 schöne Johannisbeerrispen
einige Minzeblättchen

*Zubereitungszeit:
  ca. 1 Stunde
Backzeit: ca. 15 Minuten
Kühlzeit: ca. 2 Stunden*

1. Backofen auf 200 °C vorheizen. Teigplatten auf ein mit Back-papier belegtes Backblech legen und mit einer Gabel gleichmäßig einstechen. Teig mit Backpapier belegen und mit einem weiteren Blech beschweren, damit er beim Backen nicht zu sehr aufgeht.

2. Teig in ca. 15 Minuten goldbraun backen. Herausnehmen und in 4 Stücke schneiden. Dick mit Puderzucker bestreuen und unter dem Backofengrill karamellisieren lassen. Wenn der Zucker braun wird, Platten herausnehmen, abkühlen lassen und auf der anderen Seite ebenfalls karamellisieren.

3. Für die Creme Zucker in eine ganz heiße Pfanne geben und kara-mellisieren. Mandeln darunter rühren. Masse auf ein gefettetes Backblech geben und auskühlen lassen.

4. Nougat und Kuvertüre über dem Wasserbad bei geringer Hitze schmelzen lassen und beiseite stellen.

5. Eier zusammen mit 3 Esslöffeln Wasser über dem Wasserbad schlagen, bis eine homogene Creme entstanden ist. Orangenschale dazugeben. Schüssel aus dem Wasserbad nehmen. Gelatine aus-drücken und unter Rühren in der Creme auflösen. Nougat und Kuvertüre darunter rühren und die Masse abgedeckt kalt stellen, bis sie leicht zu stocken beginnt.

6. Mandelkrokant vom Blech lösen und in einem Mixer zu feinen Krokantbröseln mahlen. Krokant und Sahne vorsichtig unter die Masse heben. Das Ganze für ca. 2 Stunden kühl stellen.

7. Creme in einen Spritzbeutel füllen. Zum Anrichten der Schnitten etwas Creme auf die Tellermitte spritzen. Ein Blätterteigstück darauf legen, etwas Creme darauf spritzen, mit Beeren belegen und wieder etwas Creme darüber spritzen. Zum Schluss mit einem Blätterteig-stück abdecken. Schnitten mit etwas Creme, Johannisbeerrispen und Minzeblättchen garnieren.

Dazu passen verschiedene Fruchtsaucen.

Beerenpizza

von Sara Wissing, Elzach

Für den Teig:
15 g frische Hefe
ca. 100 ml Milch
200 g Mehl
50 g gemahlene Haselnüsse
¼ TL Salz
50 g brauner Zucker
50 g flüssige Butter, abgekühlt

Für den Belag:
125 g Mascarpone
ca. 300 g gemischte Beeren,
  geputzt
50 g brauner Zucker
½ TL Zimtpulver

Zum Garnieren:
Puderzucker
einige Minzeblättchen

Zubereitungszeit:
  ca. 45 Minuten
Backzeit: ca. 20 Minuten

1. Hefe in ein wenig Milch auflösen. Mehl, Nüsse, Salz und Zucker mischen und zusammen mit restlicher Milch, Butter und Hefemilch zu einem glatten Teig verkneten. Teig in eine Schüssel legen, abdecken und an einem warmen Ort aufgehen lassen, bis sich das Volumen verdoppelt hat.

2. Backofen auf 220 °C vorheizen. Teig auf einem mit Backpapier ausgelegten Backblech ausrollen (oder 4 kleine Pizzen formen) und auf der untersten Schiene ca. 10 Minuten vorbacken.

3. Teig aus dem Ofen nehmen. Mascarpone darauf streichen. Erdbeeren halbieren und zusammen mit den anderen Beeren auf dem Mascarpone verteilen. Zucker und Zimt darüber streuen. Beerenpizza auf der untersten Schiene ca. 10 Minuten backen.

4. Pizza aus dem Ofen nehmen. Mit Puderzucker bestreuen und mit Minzeblättchen garnieren.

Kunterbunter Kinderspaß

Ein frisches, fröhliches und herrlich buntes Spektakel: als Tischdecke ein weißes Bettlaken von Kindern mit Fingerfarbe bemalen lassen. Froschgrüne Servietten sind lustig dazu! Blütenblätter von roten, orangefarbenen und gelben Gerbera auf dem Bettlaken verteilen. Süß sind die Tischkarten, bei denen aus Zuckercreme der Name auf Becher und Gläser geschrieben wird. Auch Smarties oder Gummibären können von der Creme gehalten werden. Kreppband, Konfetti und Luftballons (evtl. Wasserbomben) auf dem Tisch verteilen.

Stromburgtorte

Für eine Springform
  (28 cm Durchmesser)

Für den Teig:
100 g Butter
50 g Puderzucker
3 Eigelbe
30 ml Milch
75 g Marzipanrohmasse
Mark von 1 Vanilleschote
45 g Speisestärke
50 g Mehl
1 EL Rum
3 Eiweiße
Salz
60 g Zucker

Für die Beeren:
150 g Zucker
450 ml roter
  Johannisbeersaft
250 ml Rotwein
Saft von 1 Orange
Saft von 1 Zitrone
3 Gewürznelken
2 Sternanis
1 Zimtstange
abgeriebene Schale von
  ½ Zitrone (unbehandelt)
abgeriebene Schale von
  ½ Orange (unbehandelt)
5 Blatt Gelatine
800 g Beeren je nach Saison
40 ml Kirschwasser

Für die Vanillesahne:
150 ml Sahne
130 g Zucker

1. Backofen auf 180 °C vorheizen. Butter zusammen mit Puderzucker schaumig rühren, dann Eigelbe nach und nach darunter rühren.

2. Milch leicht erwärmen, Marzipanrohmasse dazugeben und alles zu einer glatten Masse verrühren. Marzipanmilch und Vanillemark zur Butter-Eigelb-Masse geben und schaumig verrühren. Speisestärke und Mehl darunter rühren, Rum dazugeben.

3. Eiweiße zusammen mit 1 Prise Salz leicht aufschlagen, Zucker langsam einrieseln lassen, dann Eiweiß schlagen, bis es steif ist. Eiweiß unter die Teigmasse heben.

4. Masse in eine mit Backpapier ausgelegte Springform (28 cm Durchmesser) füllen, glatt streichen und im vorgeheizten Backofen ca. 35 Minuten backen. Anschließend herausnehmen und in der Form abkühlen lassen.

5. Für die Beeren Zucker in einer Pfanne schmelzen lassen. Mit Johannisbeersaft und Rotwein auffüllen. Orangen- und Zitronensaft, Gewürze und Zitronen- und Orangenschale dazugeben. Flüssigkeit auf die Hälfte einkochen lassen.

6. Gelatine in dem warmen Gewürzsud auflösen, Flüssigkeit durch ein Sieb passieren und kühl stellen, bis sie zu stocken beginnt.

7. Gewaschene Beeren und Kirschwasser mischen und auf den abgekühlten Boden geben. Das leicht fest gewordene Gelee darauf verteilen und Torte so lange kalt stellen, bis das Beerengelee gestockt ist.

8. Für die Vanillesahne flüssige Sahne zusammen mit 60 g Zucker, Zitronensaft und Vanillemark aufkochen. Eigelbe dazugeben, das Ganze erhitzen und dabei schaumig schlagen, aber nicht kochen lassen. Wenn die Creme dickflüssig wird, den Topf vom Herd nehmen. Gelatine ausdrücken und in der Creme auflösen. Vanillecreme durch ein Sieb gießen und kalt stellen, bis sie zu stocken beginnt.

1 EL Zitronensaft
Mark von 1 Vanilleschote
5 Eigelbe
3 Blatt Gelatine, in kaltem
   Wasser eingeweicht
40 ml Orangenlikör
2 Eiweiße
Salz
250 ml Sahne, sehr steif
   geschlagen

Zum Dekorieren:
1 EL grob gehackte Pistazien

Zubereitungszeit: ca. 1 Stunde
Backzeit: ca. 35 Minuten
Kühlzeit: ca. 1 ½ Stunden

9. Springformrand abheben. Einen mit Klarsichtfolie umwickelten Tortenring (32 cm Durchmesser) um die Torte setzen.

10. Orangenlikör unter die Vanillecreme rühren. Eiweiß mit etwas Salz leicht aufschlagen, restlichen Zucker dazugeben, dann das Eiweiß steif schlagen. Eiweiß und steif geschlagene Sahne unter die Creme heben. Vanillecreme in einen Spritzbeutel mit großer Lochtülle geben und spiralförmig zwischen Torte und Tortenring spritzen. Torte in den Kühlschrank stellen und die Creme kurz anziehen lassen.

11. Tortenring abziehen. Pistazien auf die Vanillesahne streuen und Torte servieren.

Barbaras Sonntagskuchen

von Barbara Schütz, Berlin

Für eine Springform
(26 cm Durchmesser)

250 g Butter
250 g Zucker
6 Eigelbe
250 g ungeschälte Mandeln,
  fein gerieben
150 g Zartbitter-Schokolade,
  fein gerieben
6 Eiweiße
Salz
Butter zum Ausfetten
Puderzucker zum Bestäuben

Zubereitungszeit:
  ca. 20 Minuten
Backzeit: ca. 1 Stunde

1. Backofen auf 180 °C vorheizen. Butter zusammen mit Zucker schaumig rühren. Nach und nach Eigelbe darunter rühren. Mandeln und Schokolade zu der Buttermischung geben.

2. Eiweiße zusammen mit 1 Prise Salz steif schlagen und unter die Masse heben.

3. Eine Springform (26 cm Durchmesser) mit Backpapier auslegen und den Rand etwas fetten. Masse hineinfüllen. Kuchen im vorgeheizten Backofen ca. 1 Stunde backen.

4. Kuchen aus der Form nehmen, abkühlen lassen und Puderzucker darüber sieben.

Silberglanz am Sonntag

Bei dieser Tischdeko wünscht man sich jeden Tag den Sonntag herbei. Der Stoff der Tischdecke ist aus heller türkisfarbener Baumwolle, dazu passende Servietten in Schleifen-Optik dekoriert. Bereichert durch ein rundes Blumengesteck aus champagnerfarbenen Rosen, Tannenspitzen und Efeuranken. Die Rosen glitzern, indem man sie erst in Eiweiß, dann in Silberglitter taucht. Die Tischkarten sind etwas aufwändig: Vertiefung der Platzteller mit Zucker füllen, mit Blütenblättern einer gelben Gerbera die Namen der Gäste ›schreiben‹, mit einer passend zugeschnittenen Glasplatte abdecken.

Sektschaumsüppchen mit Sommerbeeren

Sommerbeeren in Sekt-laune! Dieses leichte, fruch-tig-spritzige Dessert ist der krönende Abschluss eines Menüs.

100 g Zucker
200 ml Weißwein
2 Blatt Gelatine, in kaltem
  Wasser eingeweicht
Saft und Schale von
  ½ Limone (unbehandelt)
Schale von ½ Orange
  (unbehandelt)
300 ml Sekt
400 g gemischte Beeren,
  geputzt
nach Belieben 4 Kugeln
  Zitronensorbet

Zum Garnieren:
einige Minzeblätter
einige schöne Johannisbeerrispen
Puderzucker zum Bestäuben

Zubereitungszeit:
  ca. 20 Minuten
Kühlzeit: ca. ½ Stunde

1. Zucker mit etwas Wein erwärmen und schmelzen lassen. Gelatine ausdrücken, dazugeben und unter Rühren darin auflösen.

2. Limonensaft, -schale, Orangenschale und restlichen Weißwein dazugeben. Alles glatt rühren, in eine Schüssel gießen und diese auf Eis stellen, bis die Flüssigkeit stockt.

3. Gelee kurz durchrühren. Sekt mit einer Schöpfkelle vorsichtig unter das Gelee rühren, so dass nicht zu viel Kohlensäure entweicht.

4. Beeren in Teller verteilen, Sektsüppchen darüber gießen. Nach Belieben je 1 Kugel Zitronensorbet darauf geben und mit Minzeblättchen, Johannisbeerrispen und Puderzucker garnieren.

Für eine Gugelhupfform
(2 l Inhalt)

125 g Mehl, gesiebt
125 g Speisestärke
1 Päckchen Backpulver
250 g Puderzucker
2 Päckchen Vanillezucker
5 Eier
250 ml Sonnenblumenöl
250 ml Eierlikör
Butter zum Ausfetten
Mehl zum Ausstreuen
200 g Zartbitter-Kuvertüre,
  verflüssigt

Zubereitungszeit:
  ca. 20 Minuten
Backzeit: ca. 1 Stunde

Eierlikörkuchen mit Schokoglasur

1. Backofen auf 180 °C vorheizen. Mehl, Speisestärke, Backpulver, Puderzucker und Vanillezucker mischen. Eier, Öl und Eierlikör dazugeben und alles mit einem Mixer zu einem glatten Teig verrühren.

2. Teig in eine ausgefettete und mit Mehl ausgestäubte Gugelhupfform füllen und im vorgeheizten Backofen ca. 1 Stunde backen.

3. Kuchen herausnehmen, etwa 10 Minuten in der Form erkalten lassen, auf ein Kuchengitter stürzen und völlig erkalten lassen.

4. Kuchen mit der flüssigen Kuvertüre überziehen. Kuvertüre fest werden lassen und Kuchen anrichten.

Register

Alle Rezepte sind, sofern nicht anders angegeben, für 4 Personen berechnet.

Die Backofentemperaturen beziehen sich, sofern nicht anders angegeben, auf einen Elektroherd mit Ober- und Unterhitze. Falls Sie mit Umluft backen möchten, ziehen Sie von diesen Temperaturwerten 15–20 % ab (siehe auch Herstellerangaben Ihres Herdes). Wenn Sie mit Gas arbeiten, siehe ebenfalls Herstellerangaben. Die Backzeiten bleiben gleich.

Herstellernachweis
(Geschirr, Besteck, Gläser, Platzteller)

S. 9: Villeroy & Boch »Cameo« weiß, Robbe & Berking »Alt Spaten«, Marc Aurel »Julia Paola«, Hutschenreuther »Medley«

S. 13: Rosenthal meets Versace »Marqueterie«, Auerhahn »Pagoda«, WMF »Valerie«, Eisch »Relax«

S. 19: Kahla »Pronto Maggio«, Auerhahn »Moto«, Schott Zwiesel »Eve«

S. 23: Rosenthal »Moon« (Dekor »Light one« Sahara/Taupe), Carl Mertens »Palio«, Eisch »Tonio«

S. 29: Kahla Orion »Optimist«, WMF »Virginia«, Leonardo »Gourmet«

S. 33: Friesland »Ammerland Blue«, WMF »Materia II«, Eisch »Riva«

S. 39: SKV »Edition 1 Cucina«, Auerhahn »Ebony«, Spiegelau »Authentis«

S. 43: Rosenthal »Suomi« weiß, Carl Mertens »Palio« und »Certo«, Schott Zwiesel »Eve«

S. 49: Fürstenberg »Basic« weiß, mono »Oval«, Schott Zwiesel »Diva« und »Tossa«

S. 53: Porzellanmanufaktur Ludwigsburg »Schuppenrelief«, WMF »Balance«, Eisch »Noblesse«

S. 59: Villeroy & Boch Chateau Collection »Cellini«, Auerhahn »Geos versilbert«, Eisch »Eremitage«

S. 63: Hutschenreuther »Medley Valdemossa«, Robbe & Berking »Alt Chippendale«, WMF »Viva«

S. 69: Kahla Short Set »Cocktail«, WMF »Esprit«, Spiegelau »Grand Palais«

S. 73: Rosenthal Classic Heritage Collection »Monaco«, Auerhahn »Prodomino«, Spiegelau »Grand Palais Exquisit«

S. 79: Königlich Tettau »Plaza«, WMF »Montana«, Schott Zwiesel »Eve«

S. 83: Thomas »Vario«, WMF »Conform«, Nachtmann »Gourmet«

S. 89: Kaiser »Nova Selection«, WMF »Vero«, WMF »Larissa«

S. 93: Fürstenberg »Herzog Ferdinand Campo«, Auerhahn »Ebony«, Nachtmann »Gourmet«

S. 99: Rosenthal Classic »Maria Sommerflirt«, WMF »Stockholm«, Leonardo »Connaisseur«

S. 103: Arzberg »Cult« Linea Negra, mono »oval«, Leonardo »Home«

Johann Lafers »Küchen-Handy«
Das Kochbuch im neuen Taschenformat

Johann Lafers »Küchen-Handy«:

Von Johann Lafer
64 Seiten mit 32 Abbildungen,
Format 9 x 19, Spiralbindung

Süße Rezepte
ISBN 3-7701-8674-5

Kochen ohne Fleisch
ISBN 3-7701-8673-7

Mediterrane Küche
ISBN 3-7701-8671-0

Einfach & köstlich
ISBN 3-7701-8672-9

Tolle Rezepte mit Zutatenliste für den Einkauf –
So können Sie jederzeit und überall entscheiden,
was Sie kochen wollen
und was Sie dazu noch kaufen müssen.